U0946294

史蒂夫·福布斯　伊丽莎白·埃姆斯◎著

诸葛雯◎译

货币危机

美联储的货币骗局如何拖垮全球经济

MONEY

How the Destruction of the Dollar Threatens the Global Economy—and What We Can Do About It

上海交通大學出版社
SHANGHAI JIAO TONG UNIVERSITY PRESS

Steve Forbes and Elizabeth Ames. Money: How the Destruction of the Dollar Threatens the Global Economy—and What We Can Do About It

ISBN 0-07-182370-0

图书在版编目（CIP）数据

货币危机：美联储的货币骗局如何拖垮全球经济 /（美）福布斯，（美）埃姆斯著；诸葛雯译. —上海：上海交通大学出版社，2015

ISBN 978-7-313-13712-8

Ⅰ.①货… Ⅱ.①福… ②埃… ③诸… Ⅲ.①货币危机 — 研究 — 世界 Ⅳ.①F821.5

中国版本图书馆CIP数据核字（2015）第221055号

货币危机：美联储的货币骗局如何拖垮全球经济

著　　者：[美] 史蒂夫 · 福布斯　　译　　者：诸葛雯
　　　　　[美] 伊丽莎白 · 埃姆斯
出版发行：上海交通大学出版社　　地　　址：上海市番禺路 951 号
邮政编码：200030　　电　　话：021- 64071208
出 版 人：韩建民
印　　制：山东鸿君杰文化发展有限公司　　经　　销：全国新华书店
开　　本：787mm × 960mm　1/16　　印　　张：16
字　　数：177 千字
版　　次：2015 年 11 月第 1 版　　印　　次：2015 年 11 月第 1 次印刷
书　　号：ISBN 978-7-313-13712-8 / F
定　　价：38.00 元

本书所获赞誉

“在这本极具吸引力的书中，史蒂夫·福布斯陈述了其支持健全货币的理由，并解释了为何基于自由贸易的货币体系——一个能让创业梦想蓬勃发展的体系——不仅是件好事，而且有助于打造良好的社会。《货币危机》是一个无可辩驳的论据，证实了资本主义的优点。”

——约翰·麦基，

全食超市共同创始人及联合首席执行官，

《纽约时报》畅销书《自觉资本主义》一书的合著者

“即便是最精明的政治家，也很难驾驭经济及货币政策。《货币危机》一书有效地将这些复杂因素融进了凝练的言语之中，论述了如何实现经济复苏并阻止新的金融危机。史蒂夫·福布斯与伊丽莎白·埃姆斯为我们奉上了一本扣人心弦的书，一种引人入胜的观点，告诉我们如何将美国经济重新拉回正轨。”

——格蕾塔·范·苏斯泰瑞

福克斯新闻频道“记录在案”栏目主播

“《货币危机》一书是件难得的珍品——它透过常识及合理解决方案的视角来看待经济问题。与多数同类书籍不同，该书回顾了众多历史事件，并将从中汲取的经验应用到下一步的实用方案之中。不论是对经济学家来说，亦或是对普通百姓而言，这都是一项重要贡献。”

——杰明·卡森，

美国商业协作有限责任公司总经理、董事长兼首席执行官，

约翰·霍普金斯医学院名誉教授

“史蒂夫·福布斯与伊丽莎白·埃姆斯在《货币危机》一书中绝妙地探索了从一个简单事实——货币的本质是传递价值——中推导出的种种暗示。人们若能获得值得信赖的健全货币，世界经济就能得以繁荣：人们信心大振，国际贸

易繁荣，政治紧张局势得到缓解。《货币危机》强调，黄金这一后盾的吸引力并不在于人们能借此回归到先前的货币秩序，而在于它是一条通往全球机遇与更繁荣未来的道路，一条彻底解放、具备社会包容性的道路。”

——朱迪·谢尔顿博士

阿特拉斯经济研究基金会稳健货币项目主任

“史蒂夫·福布斯是最了解这一话题的人，没有人能像他那样从如此多的角度进行分析。福布斯与伊丽莎白·埃姆斯践行了他们在书中的承诺。在没有 1972 年以前作为金融船舵的金本位制的情况下，过去 40 年中，在政府心血来潮的新花样下，全球经济早已四处碰壁，千疮百孔。21 世纪金本位制及稳健美元将成为一个全球繁荣的新时代的基础。本书作为这一观点的论据，旁征博引，令人信服。”

——阿瑟·拉弗博士，

拉弗经济顾问公司创始人及董事长，

罗纳德·里根总统经济政策顾问委员会成员

“科学的目的就是为了进行预测，然而现代经济学却再也无法做到这点。有些东西本会引发危机，结果却波澜不惊。而那些未曾预料到的事物却掀起了滔天巨浪。史蒂夫·福布斯向人们展示了货币本质上是更广义的社会过程的一部分；同时，如果我们无法正确理解货币，经济‘科学’便永远无法做出正确预测。据此，他帮助人们理解了现代经济理论失败的原因。福布斯揭示了我们在货币理解上的欠缺之处，并提供了宝贵的理解之道。这本书让我受益匪浅。”

——乔治·弗里德曼，

斯特拉福战略预测公司总裁，

《纽约时报》畅销书《未来 100 年大预言》及《未来 10 年》作者

以此纪念

美国首任财政部长亚历山大·汉密尔顿。

他创建的金融体系驱策了一代代企业家前行，

并使美国成为世界上最具创造力的国家。

鲜有人能像他一样清楚阐释如下观点：

货币若是能被人们正确理解，

就能成为一切美好事物的源泉。

致谢

本书能够得以出版，要感谢的人有很多。在我们将万千思绪付诸文字的过程中，经纪人吉姆·霍恩弗希尔（Jim Hornfischer）所起的作用极为关键。麦克劳－希尔出版公司的汤姆·米勒（Tom Miller）是一位出色的编辑，他不仅文字编辑功底深厚，而且在书籍出版过程中事无巨细。

感谢麦克劳－希尔出版公司的编辑部主任简·帕尔米耶里（Jane Palmieri），她工作细致，且极富耐心。没有她，这本书就不可能这么快与读者见面。我们万分感激麦克劳－希尔出版公司的莉迪娅·里纳尔迪（Lydia Rinaldi）、斯泰西·阿什顿（Stacey Ashton）、玛丽·格伦（Mary Glenn）、克里斯托弗·布朗（Christopher Brown），以及丹娜列·迪亚兹（Dannalie Diaz）。感谢福布斯集团的米亚·卡博内尔（Mia Carbonell）、科茨·贝特曼（Coates Bateman）、劳伦·李（Lauren Lee）、克里斯蒂娜·维加（Christina Vega）和杰西卡·翡尼诗（Jessica Feintisch），感谢他们在本书的营销与推广中表现出的热情及勤奋。

尤其要感谢研究员妮科尔·亨格福德（Nichole Hungerford）、拉蒙特·伍德（Lamont Wood）、米奇·巴克斯特（Mitch Baxter）、布雷特·西斯勒（Brett Shisler）、伊丽莎白·格拉维特（Elizabeth Gravitt），以及苏·拉德罗尔（Sue Radlauer）。他们全身心投入该项目，并为之进行了详尽调研。

多年以来，包括卢·莱尔曼（Lew Lehrman）、阿特·拉弗（Art Laffer）、拉里·库德洛（Larry Kudlow）、杰夫·贝尔（Jeff Bell）、马克·史库森（Mark Skousen）、朱迪·谢尔顿（Judy Shelton）、查克·卡德莱茨（Chuck Kadlec）、拉尔夫·本柯（Ralph Benko）、路易·伍德希尔（Louis Woodhill）、大卫·马尔普斯（David Malpass）、史蒂夫·汉克（Steve Hanke）、赛斯·利普斯基（Seth Lipsky）、阿兰·雷诺兹（Alan Reynolds）、吉姆·格兰特（Jim Grant）、拉里·怀特（Larry White），以及保罗·克雷格·罗伯茨（Paul Craig Roberts）等在内的杰出专家们撰写了不少有关货币的文章。文中四射的睿智火花赋予了我们写作的灵感。同样要感谢三位已逝的伟大经济学思想家：裘德·万尼斯基（Jude Wanniski）、杰克·康普（Jack Kemp）与彼得·德鲁克（Peter Drucker）。他们的研究成果富有开创性的意义。

内森·刘易斯（Nathan Lewis）的两本优秀著作《黄金：过去与未来的货币》（*Gold: The Once and Future Money*）、《黄金：货币星海中的北极星》（*Gold: The Monetary Polaris*）同他的建议及鼓舞一道，都对我们产生了极大影响。约翰·塔米（John Tammy）是为数不多的几个能真正理解货币概念的人，他也是我们灵感的源泉。

我们必须要特别感谢乔治·基尔德（George Gilder），他对经济学的深刻理解极具特色；也要感谢阿米蒂·什莱斯（Amity Shlaes）一直以来对我们的鼓励。她对 20 世纪二三十年代的记录为这一项目开辟了道路，引领我们写完了这本小册子。毋庸置疑，上述各位都无需为本书的任何内容负责。其他人的贡献也在书中有所体现。感谢德罗·默多克（Deroy Murdock）、希瑟·迈克唐纳德（Heather Mac Donald）、布雷特·斯旺森（Bret Swanson），以及艾莉森·埃姆斯（Allison Ames）提出的意见与建议。

我们还要感谢史蒂夫的同事杰基·德马里亚（Jackie DeMaria）、莫琳·默里（Maureen Murray）和美林·沃恩（Merrill Vaughn）。离开了他们，史蒂夫也许就无法行使自己的职权。感谢比尔·达尔科尔（Bill Dal Col），他总能热心地提出见解与指导。伊丽莎白要感谢她的母亲多萝西·埃姆斯（Dorothy Ames），感谢母亲的宽容理解，教会她要重视恒心与毅力，这门人生的课程一直让她受益匪浅。

写一部书需要耗费无数的时间与精力，因此我们对自己的家人抱有深深的感激之情，是他们给予了我们理解与最鼓舞人心的激励之语。

序言
——现代经济学危机与货币

对那些被灌输了传统凯恩斯主义、货币主义原则的读者而言，本书的许多观点也许“过于简单”。但货币本质上就不复杂：我们在书中一再重申，它不过是一种度量工具罢了。一切有关货币的观点、策略及国家政策都应立足于此。

那为何大量以货币为题的文章通篇都是艰深晦涩的语言和方程式，把原本简明清晰的内容生生地变得复杂深奥，只有少数学者才看得懂？为何许多人坚称，“我们需要依靠通胀来促进就业”之类的观点，糟糕的货币政策指导理念又为何与科学原理一样，成为不容置疑的既定原则？

人们一直深信，控制货币供应量是创造财富、繁荣经济的途径。本书探讨了古老的重商主义——经济民族主义——在这一理念形成的过程中所起到的作用。而更深层的问题是，这种将人引入歧途的观点何以延续了数千年。为何那些意识形态上本来与我们对立的思想家也拥护这种观点？

答案与一些由来已久的普遍经济假设有关。马克思主义者、凯恩斯主义者、货币主义者、古典经济学家，甚至一部分供给学派学者都相信，经济是一个独立的实体、一个封闭的系统——而货币则是这一体系的测量仪器。

这一思想的核心是均衡。它假定当一切都按部就班地运转时，一个经济体就能达到理想的静止状态，实现价格稳定、供求平衡、充分就业（虽然人们对充分就业的定义存在着差异）。在古板的经济学世界中，实现均衡就能到达极乐世界。那里也许会爆发像战争、干旱、飓风、地震、偶发的金融危机等外部事件，或是会因诸如蒸汽机、铁路和因特网等创新带来的变革而被扰乱。不过，尘埃落定之后，经济一定会恢复“常态”。

古典经济学家认为，最有可能实现均衡的手段是实施低税收、政府谨慎支出、推行自由贸易和健全货币。[1]凯恩斯主义者觉得，自由市场天生就不稳定。他们坚称，平稳运转的均衡状态有赖于通过政府支出、税收、利率及政府监管等工具的运用进行调控。[2]货币主义是凯恩斯主义的分支。它主张，政府若想实现经济平稳持续的增长，就只能依赖中央银行对货币供应量的控制。[3]

与此同时，几乎人人都觉得市场波动是不利的。它不合时宜，应该减少，甚至是彻底根除。而且教科书一成不变地讲述着经济周期产生的原因及其应对之道。

这一世界观的根基是相信经济稳定必然存在。然而事实并非如此。套用杰出的技术专家乔治·基尔德的观点，没有人能准确预测出我们的日常生活中会发生什么，例如我们日后收入几何，可能会身染何种疾病，是否会遭遇车祸等。因此，经济学家们究竟哪儿来的自信，认为自己能够预测经济走势？[4]

他们根本无法预测。千百年来，经济学家们饱尝了对科学的嫉妒之苦。虽然这么说让我们很痛心，但伟大的天才艾萨克·牛顿（Isaac Newton）要为此承担部分责任。世人熟知牛顿，多因其在物理学上的杰出贡献，殊不知牛顿在经济学史上的作用也举足轻重。17 世纪末，牛顿与哲学家约翰·洛克（John Locke）一道，带头反对英镑贬值的提议。随后，时任英国皇家造币厂厂长的牛顿于 1717 年规定，每 3 英镑 17 先令 10.5 便士（3.89 英镑）可兑换 1 盎司黄金。这一法定兑换率维持了 200 多年。[5]

在理解货币的问题上，牛顿贡献巨大。然而，他的科学天赋对广义经济学产生的有利影响却要小得多。1687 年，他出版了有史以来最为重要的一部著作《自然哲学的数学原理》(*Philosophiae Naturalis Principia Mathematica*)，从此改变了人们的世界观，开辟了科学的时代，并点燃了启蒙运动的火花。[6] 这部影响深远的学术巨著出版之后，人们开始将世界视为一台巨大的机器——一只纷繁复杂的宏大钟表，在不变法则的支配下运转不息。[7]

牛顿之后，除神学外的几乎所有研究领域都试图披上科学这件显赫的外衣。当今的政治研究经常被贴上政治学的标签。而经济学之前则被称作是政治经济学，并尤为热衷于使用科学研究惯用的花哨言语。

重商主义这一意识形态兴起于 16 世纪初，之后便如紧箍咒一般钳制了欧洲统治者 200 余年。本书将探讨亚当·斯密（Adam Smith）及其追随者们是如何揭开重商主义所披的货币及经济伪装。斯密及其古典经济学同行们适时地发现了货币在经济中起作用的机制，以及贸易创造财富的过程。然而，亚当·斯密时代的人们，尤其是大卫·李嘉图（David Ricardo），无一能摆脱对科学的羡慕之心。

李嘉图是19世纪早期斯密的信奉者。他提出的比较优势理论广为人知，解释了富裕国家与贫穷国家间是如何通过相互贸易来满足各自的需求。他同样证明了，通过买卖债券，没有黄金储备的国家一样能够实行金本位制。[8] 这一见解是美国建立新型、现代金本位制的基础。第六章将会讨论这一问题。

然而，李嘉图痴迷数字与数学，尤其在对待工资与利润问题上，至今仍对经济学造成了不可磨灭的影响。他曾一度设想，只有降低工人工资才能增加企业收益。[9] 后来，马克思不遗余力地讨论了这一话题；其实，在马克思主义崛起前，一些左翼分子就将自己认作是李嘉图派社会主义者。

科学能赋予学究们权威且极具吸引力，这很容易理解。因此，经济学研究越来越看重对数学及方程式的应用，这种现象于1936年约翰·梅纳德·凯恩斯（John Maynard Keynes）的代表作《就业、利息和货币通论》（*The General Theory of Employment, Interest, and Money*）问世时达到顶峰。[10]

与古典经济学家一样，凯恩斯的经济观基于牛顿学说。他认为，经济是一个封闭系统，有可能达到均衡状态，实现供求平衡。[11] 不过，他在这个机制框架内做出了一个根本改变。

传统经济学家将产品与服务的生产视为实体经济，而货币及信用则是“符号经济”（symbol economy）——是记账的工具。

凯恩斯大胆地扭转了这种对应关系：货币与信用是经济发展的真正驱动力，而生产则独立于经济存在。[12] 在这一体系内，政府应该能够通过行政命令来控制货币及信贷的流动。较之于普通人、企业家或企业，政府在决定经济走向的过程中所起的作用要大得多。这与古典经济学的观点背道而驰。

一战与大萧条这两场灾祸，将凯恩斯的伪科学范式——有人称之为“新重商主义”——送上了新正统理论的宝座。一战之前，人们理所当然地认为政府必须谨慎约束自己对经济的应对之道，可战争的炮火将这些经济束缚炸得无影无踪。政府学会了通过征税、通胀及借贷（其规模之大在战前简直无法想象）来调动社会金融财富。随后，美国颁布的“斯姆特－霍利关税法案”[①]引发了一场全球贸易战，造成的灾难性后果就是经济大萧条。它更是助长了市场若是不稳定便需对其加以干预这一观点。这两桩事件重塑了人们对政府及市场的传统看法，为凯恩斯主义提供了卫冕其正统地位的完美历史机遇。

在凯恩斯主义错误观念的指导下，政府在过去几十年中制定了无数糟糕政策，造成的损失无可估量，这也成为本书写作的动力。稍后会讨论的菲利普斯曲线就是这样一种玄妙的概念。它试图证明，制造通胀可以促进就业，而减轻通胀反而会提高失业率——两者间的关系实则并非如此。

但凡图表、听起来很有技术含量的行话、凯恩斯主义和货币主义惯用的公式等——以及随之而来的权威感——均有效制造了重重烟幕，使人们无法意识到，最后被证实为不正确的经济方案及预测实在数不胜数。

这一规律从未落空过。早在 18 世纪晚期及 19 世纪早期，牧师托马斯·罗伯特·马尔萨斯（Thomas Robert Malthus）就像一位优秀的科

① 1930 年胡佛总统任内签署的一项贸易保护法案。该法案将 2000 多种进口商品关税提高至历史最高水平。随即，其他贸易国对美国采取了报复性关税措施，致使美国进口与出口额骤降，加剧了美欧的经济大衰退。——本书脚注皆为译者注。

学家那样，收集了一大批可观的数据，试图论证农业究竟能养活多少人。他预言未来将会发生大规模的饥荒，结果完全是谬之千里。[13] 他的预言甚是可怖，人们不禁觉得经济学是一门“忧郁的科学”——这可真够滑稽的。

不幸的是，马尔萨斯和李嘉图都忽视了一个重要的变量：人类的创造力与解决问题的能力在扩大资源及推动经济发展中所起的作用。在对经济状况实施评估时，鲜有传统经济模式曾对其进行过思考。

正是因为人类具有创新思维，才没有出现马尔萨斯预言的大规模饥荒。相反，现在的粮食储备比 18 世纪时丰富了许多倍。粮食生产上的革新，加之冰箱等科技产品的出现，使更多食物得以交付到全球更多人的手中。现今，若非发生自然灾害或是处于极端独裁政权的统治下，几乎不会再发生饥荒。

正是因为有了创新，预计在 20 世纪 70 年代爆发的能源短缺也未曾发生。与之相反，因为掌握了像水力压裂之类的新技术，美国有望成为现代能源大国。

然而，只有一小部分经济学者领会到了企业家的核心作用。他们同时领悟到，经济一直处于不断变化之中。这些学者中最为知名的是约瑟夫·熊彼特（Joseph Schumpeter），他认为均衡这种古典模型完全是荒谬之谈。熊彼特因在变化不息的经济中辨识出“创造性毁灭”（creative destruction）这一过程而举世闻名。他解释道，经济绝非一个封闭体系，而更像是一个动态鲜活的生态系统，数以亿计的人们参与到繁复复杂的大量活动与交易之中。变化与动荡是一种常态。企业家及其创新并非是一种外生性因素。他们处在经济的核心，是经济增长与发展的重要组成部分。

* * *

幸好，经济学界内外的人士正逐渐意识到传统思维中的谬误。熊彼特有关创造性毁灭的想法在今天被认作是主流思想。人们日益意识到自己对货币的看法已误入歧途，并于最近开始密切关注回归金本位制的可能性。

经济计量新方式的出现也表明，人们正在努力摆脱传统的凯恩斯理论。长期以来，国内生产总值一直是最主要的统计数据。它假定美国经济构成中 70% 来自居民消费，20% 来自政府支出，剩下部分则来自投资。[14] 除国内生产总值外，美国商务部经济分析局在 2014 年公布了一项名为总产出（gross output）的新统计数据。[15] 该数据测量的是产品生产与服务提供的中间步骤，为我们展示了更为全面的经济活动全景。居民消费的比重从 70% 降至 40%。投资的重要性急剧飙升；而政府支出则大幅下降。

经济学这门曾经忧郁的科学，正在努力摆脱受牛顿影响而出现的经济模型，不再把经济看成是一种机械本体，并开始强调企业家的创新精神在促进经济发展中的重要作用。2013 年，乔治·基尔德出版的《知识与力量》（*Knowledge and Power*）一书是一个重要突破。[16] 基尔德认为，财富真正的源泉是思想，这似乎是个显而易见的结论。不断汲取的新知识——出于实践的真知——是经济增长的催化剂。为了验证创意的可行性，总结失败的教训和成功的经验，熊彼特观察到的企业家们不断尝试新事物，创造新产品或是建立整个新产业，最终推动了经济向前发展。

基尔德问：我们所处的时代与石器时代有何不同？答案就是：我们掌握了更多的知识。[17] 较之数千年前的穴居人，“现代人的生理欲望并未减退，坐拥的自然资源也未增多。我们的生活与一穷二白的石器时代间唯一的不同就在于知识的积累。”

西欧与日本从二战的浩劫中奇迹般地恢复过来，有力证实了基尔德的观点。尽管遭遇了巨大的人员伤亡及资源灭失，但因知识并未遭到破坏，国家经济就能够得以反弹。亏得美国外交手腕极富新意，能在黄金的基础上建立起一个完善的货币体系（多年后，该体系被无故摧毁），系统性地减少了贸易壁垒及军事开支，这些满目疮痍的国家才能在冰释前嫌后不到十年的时间内，超越了各自在战前的产出水平。

知识于财富的创造而言，极为重要。因此，经济繁荣的社会多是那些不会过度规避风险，能够宽容失败的社会。失败也能成为新知识的源泉。亨利·福特（Henry Ford）在成功创立其汽车帝国之前就经历过两次破产。

一旦人们能够领悟到思想才是所有财富的源泉，就能明白一切忧虑——可持续增长、自然资源耗尽、粮食生产跟不上人口增长，以及致命的缺水问题等——都是无根之水，无本之木。

基尔德还援引了以色列的例子：“自 1948 年以色列建国以来，以色列人口增长为原来的十倍，耕地面积扩大为原来的三倍，农业产量是之前的十六倍，而且工业产量则是之间的五十倍。[18] 然而，令人惊讶的是，它的净用水量反而下降了 10%。这项独一无二的成就靠的并不是道貌岸然的法律或是纷争不断的环境诉讼，而是信息与企业的结合。”

信息与贸易、企业的结合解释了经济学的一切——每个人都应理解到这一点。货币——健全、值得信赖的货币——是促成这一结合的关键协调工具。

目　录

引言

现如今，鲜有话题能像货币这般遭人误解。自四十余年前取消了美元与黄金间的挂钩之后，美国政府便在不知不觉间摒弃了那些数百年来几乎一直在指导其政策制定的基本货币原则。这着实有些危险。较之百年前一战爆发时的政客，当下负责制定政策的政府与官员对货币所知甚少。美国，乃至全球都在为此付出代价。

现下的“法定通货”（fiat money）浮动体系——政府借其操控美元价值——是造成近几十年来最严重的经济下滑的罪魁祸首。新兴国家于2013、2014年所经历的金融危机就包括在其中。不稳定的弱势货币同样引发了2008至2009年的金融恐慌以及随后的经济大衰退。其余波至今仍未消退。

因此，美国经济非但无法再创造出财富，反而开始成为财富的毁灭者。难怪数百万美国人感觉自己的实际收入正在下降，而且家庭财务压力也与日俱增。

这些误人极深的货币政策正在谋划一场新的经济与社会灾难——这场灾祸足以匹敌20世纪30年代发生的金融危机与经济恐慌。我们必须有所行动了。然而，鉴于有关货币的错误观念仍无处不在，而围绕美联储及其“智囊团”的神秘感也挥之不去，人们已经许久未能对其展开仔细审查、进行公开辩论了。

为避免美国重蹈覆辙，再度陷入之前那般危机境地——政策若是不当，新一轮危机在所难免——我们必须重新审视数百年来几乎一直在指引美国前行的那些货币政策。为增进对这一问题的理解，本书直言不讳的探讨揭开了货币这一关键性话题的神秘面纱。

一旦官僚与经济学家口中的专业行话被层层剥开，经典货币原则就能归结为一些基本常识。

第一章“怎落得这般田地”探讨了当今人们对美元的忧虑，以及近 40 年来，美元崩溃对全球生活和未来产生的影响。

第二章“什么是货币？”解释了为何货币必须像其他计量单位一样稳定，才能实现其在经济中的作用。因此，抬升或贬低货币价值——美联储在增强或削弱美元时即会造成这种现象——都不可避免地会带来毁灭性后果。

在货币问题上，保持稳定要胜过一切。但官僚们始终无法领悟这一简单事实，因而，他们不是加紧就是放松货币政策，始终无法做出正确选择。货币政策成功与否，关键就在于其是否能维持稳定的货币价值。

第三章“货币与贸易：理解上存在不足”挑明了决策者常采取的一种荒谬行径，即痴迷于推行规避国际收支逆差的货币和贸易政策。生活在 16 至 18 世纪的重商主义者们曾相信，进口会使财富外流，从而消耗国力。现今，信奉新重商主义的决策者们同样认为有必要削弱货币价值，以此鼓励出口、扼制进口。

根据本章所阐述的理由，贸易或国际收支逆差这些概念本身，就是一种谬误。然而，多年以来，美国根据这些政策所制定的贸易保护主义措施大多并无必要，并因之加剧了国与国之间的紧张局势，损害了美国及全球经济。我们解释过，就货币价值问题与各国纠缠不休，实为浪费时间之举。最终推动商业发展的，不是货币价值，而是个人及企业的真实需求。个人或企业间的交易也好，国家间的贸易也罢，于双方而言，贸易终归是有利的。用每年在美国的外国投资来补偿所谓的贸易逆差，绝对绰绰有余。

第四章“货币与财富：为何通胀是坏事”解释了为何随意增加货币供应量常会妨碍财富的创造，结果事与愿违。货币不仅仅是度量价值的工具。一如许多睿智之人所指出，它也是一种交流工具，在厂商与消费者之间传递关键信息。

人为操控货币价值会制造错误信号，从而损害市场，最终歪曲供求关系、扭曲商品价格，随之引发产品短缺与通货膨胀。即便是那些只存在轻微通胀的国家也无法逃脱这种命运。21世纪初的房地产泡沫，就是教科书般经典的范例。

第五章“货币与道德：货币贬值如何影响社会面貌”探究了操控货币导致社会弊病的过程。例如，过度印发钞票造成的通胀，曾促成了苏联的专政，并为德国纳粹掌权奠定了基础。也许有人会觉得这些太过久远，但是，对货币价值的人为操控也在2008年的金融危机及其之后的余波中产生了负面的社会影响。

在任何市场及社会形态中，货币都是信任与合作的基础。一旦货币不稳定，信任就会瓦解。纵观历史，通胀及宽松的货币政策一向与高犯罪率、腐败、政治极权化以及社会动荡联系在一起。今天，一切又在重现。从中东的政治动荡到美国的占领华尔街运动，过去十年间的货币扩张催生了世界范围内的政治动荡。呜呼哀哉，政策制定者与大众均未能看透个中联系。

第六章“金本位制：如何拯救 21 世纪的全球经济”着重阐述了实现货币稳定的公认最佳之道：将美元或任一货币与黄金挂钩。许多政策制定者拒绝采纳回归金本位制的想法，因为他们对这一概念及其运作方式一无所知。事实上，历史上曾出现过不同的金本位制体系，也涌现出了构建新金本位制的不同方案。

我们在第六章探究了金本位制的历史与谜团，并就建立 21 世纪的金本位制提出了自己的建议。批评家们担心，回归金本位制将意味着固定货币供应。其实不然，它的灵活度远超人们所知。既然把黄金当成是固定价值的“锚”，那么，即便在毫无任何黄金储备的国家内，金本位制仍能顺利运行。

我们相信，虽然具体的时间与背景甚难预测，但金本位制终会回归。同时，美元的崩溃不会停歇，不过期间或有喘息的间隙。第七章“困境求生：在不稳定货币下保全资产”给出了一些常识性提示，告诉我们现在如何行事才能保住个人财产。

第八章“展望未来”假设了世界经济仍旧沿着现有的危险轨道继续前进时，将会发生的状况——以及当我们再次意识到美国开国元勋、首任财政部长亚历山大·汉密尔顿的智慧，并最终采纳金本位制时，将会产生的结果。

若能回归健全货币，美国将迎来全球皆在渴慕的长期发展。正是这种发展，将美国由当时人口稀少的农业国家转变成了创新的工业强国。这对美国与全球来说，都是件益事。

经济若是失去了稳定货币的支撑，我们就将面临更为庞大的政府，停滞不前的经济，以及更加严重的政治纷争。健全货币不仅是合作与进步的基础，也是建设繁荣、道德社会的途径。

第一章

怎落得这般田地

货币不稳定会带来经济波动、繁荣程度下降。

> 2008 年秋，美国遭遇了自经济大萧条以来最严重的金融危机……时隔五年……其经济依旧疲软。人到中年却遭遇下岗，望着镜子里逐渐衰老的脸庞，人们不禁觉得自己已然没机会重返工作岗位了。新婚燕尔的年轻人本该处于各自事业的上升期，现在却只能蜗居在父母家的地下室里。
>
> ——丹尼尔·亨尼格尔，《华尔街日报》

过去十年，世界动荡不休。一场金融恐慌袭击了美国，几乎摧毁了全球金融体系。接踵而来的则是近 30 年来最严重的经济衰退。美国及欧洲各国连连遭遇偿付能力危机；冰岛发生金融崩盘；包括卢比和欧元在内的一连串货币受到冲击；津巴布韦和饱受内战之苦的叙利亚发生了恶性通货膨胀。

这场金融海啸引起的大衰退到 2014 年已经过去。尽管形势或许得到了遏制，可人们的焦虑却仍旧挥之不去。美国乃至全球经济复苏乏力。民意调查显示，与过去的几十年相比，人们在政治立场上更加分化。从中东到拉丁美洲，示威游行和社会动荡扰得各国政府惊魂不定。货币危机在俄罗斯、巴西、印度、土耳其、印尼和南非等新兴国家引发了混乱。2014 年 1 月，道琼斯工业平均指数大幅跳水，单日降幅逾 2%，超过 318 点。[1]

有位观察家曾说，华尔街仿佛又回到了 1929 年股灾之时。[2] 很多人心中惴惴不安，担心股市收益会迅速蒸发；一场新的全球金融危机一触即发；而美元的前景也日益堪忧。因此，人们一窝蜂地投资黄金；市场上涌现出像比特币以及现在遭禁的“自由美元”等替代货币；同时书店里预言经济末日即将到来的图书激增，宣称美元体系将彻底崩溃，货币战争会全面打响等。人们的恐慌可以从中窥见一斑。很多人都想知道：这些预言的可信度到底有多高？

全球的政客和时事评论员们对这起危机以及痼疾的起因有着各自的诠释：人性贪婪；冒险杀入危机四伏的货币市场；过度负债；不平等以及美国资本主义的自身缺陷等。可事实上，真正的罪魁祸首是那些愚昧无知的政策制定者们。他们沿袭了中世纪重商主义者的货币观念，无法理解也不愿去理解一个简单的道理：**货币并不等同于财富**。货币就像是一杆秤或是一把尺，不过是一种衡量财富的方式罢了。

恐怕没有人会觉得，经常改变英尺与英寸之间，或是小时与分钟之间的转换标准能带来什么益处。因为想想就知道这会造成何种混乱局面。也不会有人认为，美国 50 个州都应该发行各自的货币，或是允许各州货币对他州的货币实行汇率浮动。可以想象，跨州贸易会因此变得困难重重。要是你不确定自己手持的威斯康星货币在佛罗里达价值几何的话，你的州际旅行也无法一帆风顺。大多数人都会觉得，完全没有必要把这个系统变得如此复杂混乱。然而，世界各国每天都在上演这一幕，因为在全球货币体系中，汇率是波动的。

金本位制终结带来的货币乱象

令人惊讶的是，当代的政府及官员们对货币的了解程度远不及一个世纪以前。这种普遍无知不仅造成了过去十年的灾难，而且也带来了 20 世纪 70 年代的大萧条和大通胀。40 多年前，金本位制因无知而终结，美元不再是世界货币的重要的“价值锚”，全球经济也遭遇了毁灭。

乔治·华盛顿（George Washington）总统上任以来，美元就一直与黄金挂钩。临近二战结束，全球经济与货币基础因战争和大萧条而遭到重创，同盟国在新罕布什尔州的布雷顿森林会晤，目标就是要构建一个新的国际货币体系。他们最终达成了一致，美元以每盎司 35 美元的价位直接与黄金挂钩，而其他国家则将各自的货币与美元挂钩。

布雷顿森林体系从 1944 年一直运行至 1971 年。随后，出于本书即将讨论的一系列原因，理查德·尼克松（Richard Nixon）摒弃了这一体系。自此之后，美元与其他国家的货币价值就任凭美国联邦储备局（美联储）及其他中央银行的摆布。各国政府心血来潮的想法都能够在它们的政策中得到体现。

这种法定通货不断波动的体系，与其不断削弱的美元一道，造成了这 40 余年间财富的缓慢灭失。自 1971 年起，美元购买力的降幅就超过了 80%。[3] 尤以近期为最：根据消费者物价指数（CPI），2000 年至今，美元的价值下跌了 26%。[4]

这对世界经济具有重大影响。美元是全球主导货币。大宗商品中的原油、铜以及小麦都是以美元标价。其他国家使用美元来进行大部分的外贸交易，或是在合同中指明使用美元结算。因此，美联储的政策决定对全球资本流动至关重要，并决定了其他国家的货币政策。

研究显示，自 1971 年布雷顿森林金本位制结束以来，经济危机与经济低迷的发生变得更为频繁。[5] 人们把市场衰败错误地认作是自由市场资本主义不可避免的特征——如果把它比作气候，那么就相当于是飓风或是季风。这些市场衰败的背后都藏着法定通货。

当美联储于 2013 年宣布将开始“削减”庞大的量化宽松规模后，

我们看到了不稳定的货币带来的破坏性影响。10年期国债收益增长了近3%，两倍于量化宽松（QE）政策实行期1.6%的低点。[6]这些新出现的诱人利率致使全球资本回流美国，造成需求下降，债券跌价。同时，被称之为“脆弱五国”（印度尼西亚、南非、巴西、印度及土耳其）的新兴国家的货币在全球市场上大幅贬值。[7]

这不过是法定通货浮动带来混乱的一个例子。不幸的是，类似例子不胜枚举。

应对策略日益增多，但实施效果一律糟糕

货币不稳定与全球经济起伏相互关联，这应该是显而易见的。不过政策制定者们却很少能注意到这一点。不论各国的政策与政党间有何差异，它们都未能理解货币的意义。巴拉克·奥巴马（Barack Obama）领导下的民主党政府采取了具有毁灭性的货币扩张政策。时任美联储主席的本·伯南克（Ben Bernanke）推行了这项政策，但事实上，伯南克的前任，艾伦·格林斯潘（Alan Greenspan）早在共和党执政时期就已经开始这项政策了。共和党人理查德·尼克松终结了金本位制，这一举措具有历史意义，是对由民主党人林登·约翰逊（Lyndon Johnson）所启动的弱势美元政策带来的影响的一种回应。

40多年来，决策失误接连不断。每一个都使事情变得更糟。稍后我们会详述21世纪初美联储的宽松货币政策是如何导致了始于2008年的全球范围内的严重恐慌与经济衰退。而针对此的补救措施

呢？则是量化宽松——史上最大的货币扩张。

量化宽松的失败不仅局限于其对经济的刺激作用。它造成了具有毁灭性的信贷分配不当，阻碍了经济复苏。也许更糟糕的是，它在其早期造成了商品价格疯涨，从而引起食品与燃油成本上涨，加剧了许多发展中国家的政治分歧与社会动荡。

货币本该带来的刺激作用完全没有在经济领域中体现出来。[8] 原因之一是一种扭曲的购债策略，也是量化宽松策略的一部分，被称为“扭转操作”（Operation Twist）。美联储通常通过从金融机构购入短期国债来扩大货币基础。而后，银行再向那些创造了主要就业机会的企业发放短期贷款。可是，扭转操作集中购买的是长期国债以及按揭证券。[9] 这就意味着贷款并没有发放给那些提供了工作岗位的企业，而是主要流入了大型公司以及政府自身。这是信贷分配的一种方式。

支持者坚持认为扭转操作能够降低长期利率，从而通过鼓励人们购置房产，进行商业投资来刺激经济。事实上，这种信贷分配方式是一种任人唯亲的做法，是法定通货造成的一种频繁后果。美联储引发的通胀让一些人获得了不当的意外之财，而另一些人则须在困境中挣扎。

因为人们普遍对货币存在误解，政策制定者及经济学家们基本上都未能察觉这点以及其他政策上的失败。实际上，有一些酝酿中的运动能够赋予美联储及其他国家央行更大的权力。

不稳定的货币：无色无味

不稳定的货币就像是一氧化碳：无色无味。几乎要到为时已晚时，大部分人才会意识到它造成的破坏。一项基本原则是当货币疲软时，人们会通过投资商品期货以及硬资产来保值。房产、食品以及燃油等物品的价格开始上涨，而我们对于这一切通常反应迟缓。

例如，鲜有人将2005年前后的房地产泡沫与美联储的弱势美元联系到一起。他们只觉得贷款利率很低。很多人杀入房地产市场置业，房价似乎一直在看涨。当美联储最终提高利率之后，房地产市场崩盘。

弱势美元并不是唯一的导火索，不过如果美联储没有使贬值的美元充斥了次贷市场，这种泡沫就根本不会出现。[10]然而至今，房地产市场的崩盘及随后发生的一系列事件被误解成是监管失效以及人类贪欲的结果。也有人将其归咎于经济住房保障政策以及政府创建的抵押贷款公司房地美与房利美。后两项因素的确在其中起到了一定作用。然而，早在20世纪90年代美国就已开始推进经济适用房，不过那时可没有形成这种购房热。为什么这一热潮出现在21世纪而不是之前的十年呢？

答案就是20世纪90年代并没有实行宽松的货币政策。2001—2002年经济衰退后，艾伦·格林斯潘为刺激经济而降低了利率，随后就出现了房地产泡沫。格林斯潘维持这种过低利率的时间着实有些过久了。[11]

次贷泡沫的破灭推倒了始于美国金融业及欧洲银行的多米诺骨牌，引发了欧洲主权债务危机、希腊破产危机，以及冰岛和塞浦路斯的银行举步维艰等一系列连锁反应。

弱势美元引发的其他问题

许多人也许意识不到，但美元持续走弱是现今许多其他问题的核心原因：

◎食品与燃油价格居高不下

与次贷泡沫一样，人们将2005年前后（以及20世纪70年代）石油价格的攀升怪罪到人性的贪欲上。可是，同样没有人在此考虑过为何石油公司步入21世纪之后突然变得更为贪婪。自20世纪80年代中叶开始，直到21世纪初，石油价格稳定在每桶均价略高于21美元的价位上。那时美元走强，而现今石油价格已经飙升至每桶95美元上下。[12]

美元下跌促使大宗商品价格上涨，从而推高了食品成本。许多购物者已经注意到，牛肉与鸡肉的价格已经到达历史最高点。对于发展中国家来说这一点尤其具有毁灭性。在那里，居民收入的很大一部分都花在了购买食物上。自2005年前后美联储及各大央行开始进行货币扩张之后，人们将食品价格的上涨归结为气候巨变与需求的增加，这引发了从海地到孟加拉国再到埃及等国的暴乱。[13]

◎流动性下降，不平等现象加剧，以及个人财富的湮灭

20世纪五六十年代，一份工资就能够养活一个中产阶级家庭，而美元崩溃导致家庭中的夫妇二人都必须外出挣钱养家。要了解原因，你只需看一眼美国劳工统计局发布的数据。在1971年1美元能够买到的东西，到了2014年就涨到了5.78美元。[14]换句话说，为了买到与40年前相当的产品与服务，你需要比40年前多付出几乎

6 倍的价钱。[15] 假设你持有 2014 年的 1 美元穿越回 1971 年，那么根据 CPI 计算器，这 1 美元只值 17 美分。[16]

对于工资来说，这意味着什么？据美国人口普查局的数据显示，1972 年一位而立之年或是不惑之年的男人能挣到 54163 美元，根据通胀调整后的美元数，而现在拿到手的就只有 45224 美元——收入缩水了 17%。[17] 自此之后，更多的女性进入职场，而女性的收入就弥补了家庭收入的差额。正如彭博社的马克 · 吉米恩（Mark Gimein）所言，“底线就是随着双职工家庭取代了单一收入家庭，中等家庭几乎没有前进。而只有一人挣钱的家庭反倒是被甩在了后面。”[18]

实际收入的减少是人们感觉无法前进的一个关键原因，并为人们的仇富心理提供了肥沃的土壤。当然还有其他的原因也造成了中产阶级日益增大的压力，首当其冲的就是税收。不过弱势的美元仍旧是主要原因。

◎动荡加剧与货币危机

2014 年出现在新兴国家的货币动荡不过是一系列不必要的危机中最近的一起。这些危机在过去几十年间发生，是不稳定货币带来的结果。一个国家的货币可能会在今天巨大且时常波动的全球市场中遭到冲击，而这种市场在美元与黄金脱钩后才出现。它们是对浮动汇率带来的风险的直接回应。布雷顿森林体系时代发生的大多数危机都很轻微，而且出现频率并不高。正是美国拒绝遵守这一体系的约束才拖垮了该体系。

弱势美元也是银行危机的根源，而人们一直将这种危机归咎于美国的部分准备金银行制度。通常，银行是通过出借储户的存款而获取收益的，但它们必须保留一定量的储备金以应对常态下的取款需求及放贷损失。经验告诉我们，每吸收 10 美元的存款，银行就需要留出 1 美元作为储备金。过去，人们曾批评部分准备金银行制度使得这些本该具有抗压力的机构变得脆弱，并威胁到了整个经济。事实上，历史上因不良贷款而破产的银行不胜枚举。

在历史上，真正的问题是糟糕的银行监管。然而，在后布雷顿森林时代，这一原因通常是不稳定的货币。不当放贷使货币因通胀失真，这是资产泡沫的典型特征。在过去的石油、房地产、农业以及其他弱势货币的传统“泡沫天堂”中无一例外。

◎复苏疲软

有必要重申：美联储的量化宽松政策是史上最大的货币刺激，它带来的是美国历史上一次大衰退后最疲软的复苏。欧洲中央银行的货币扩张政策在欧元区带来的复苏更为无力。欧元区的经济一直以来就受到令人窒息的高额税收与监管障碍的阻碍。这一地区的经济最终还是得到了发展，不过成效甚微。

量化宽松的扭转操作不仅是小企业及新创公司获得贷款面临的唯一限制。监管者对银行施压，迫使其减少对高风险客户（即小企业）的贷款，而使问题复杂化。2014 年《华尔街日报》曾报道了信贷枯竭致使许多像餐厅、美甲沙龙这样的小企业在绝望中转向民间借贷——从短期资本公司到对冲基金。这些机构的利率高得令人咋舌。[19] 短期贷款的利率能超过 50%。[20] 所以，对本该处于复苏期的经济来说，还有如此多的商铺空置也就不足为奇了。

货币不稳定造成了经济萧条的恶性循环：它所造成的破坏被归咎

于金融业的贪欲。寻找替罪羊与相互指责带来了扼制经济增长与资本创造的监管束缚。像阿根廷这类货币长期不稳定的国家就一直处于这种状态。加紧监管束缚了美国以及欧洲的资本创造，因为监管越来越关注阻止“系统风险”。

《华尔街日报》注意到，监管者“越来越倾向于告诉银行哪些业务可以操作，应该规避哪些领域，或是面临哪些潜在的监督或强制措施”。[21]

在欧洲，这种趋向于“宏观审慎监管”（macroprudential regulation）的恼人趋势正在将央行变为享有横扫一切的独断权的金融监管机构。可问题是像苹果、谷歌以及家得宝这些企业——飞速发展的企业，经济增长与解决就业的生力军——的成功都是从“风险”投资发展起来的。

我们现在看到越来越多的人对央行日益加剧的监管表示不快。这一点并不令人吃惊。2013 年进行的一项拉斯穆森民意调查发现，高达 74% 的美国成年人赞成对美联储进行审计，有大量受访者认为美联储主席权力过大。[22]

◎长期发展放缓，失业率增高

即使考虑到 20 世纪八九十年代中期是在货币相对稳定时期的经济繁荣，过去 40 年间，美国经济的总体增速比之前的几十年都要慢。二战结束之后到 20 世纪 60 年代末，美元的价值标准固定，年均经济增速将近 4%。[23] 自那之后，下降到 3% 左右。[24] 福布斯网站的撰稿人路易斯·伍德希尔（Louis Woodhill）解释说，这 1% 的下降意味深远。要是经济发展能按照 1971 年之前的步伐前进，2008 年前后的国内生产总值就能比现在高出 56%。[25] 这意味着什么呢？伍德希尔写道："美国经济就会是中国的三倍多，可现在我们最多也只有它的两倍。而按照与现在相同的支出水平，联邦政府就能有 5000 亿美元的预算盈余，而不是现在 1.3 万亿美元的预算赤字了。"[26]

要是美国从未拥有过稳定的美元又将如何呢？要是美国有史以来一直都以较低的后布雷顿森林时期的增长率发展，现在的美国经济就会只有中国经济总量的四分之一。[27] 美国就不会有现在的规模，没有现在富裕，也没有现在那么强大。

美元下跌也造成了失业率的上升。在二战期间的金本位时代，从 1947 年到 1970 年，平均失业率不到 5%。[28] 即便存在经济波动，也从未突破过 7%。[29] 而自从尼克松推行了美元无锚化之后，平均失业率就超过了 6%：1975 年达到了 8.5%，1982 年几乎飙升到 10%，自 2008 年起就在 8% 上下浮动。[30] 要不是数百万人之前已经失业，这一数据还要更高。

自布雷顿森林体系终结之后，除了高通胀外，世界其他国家也遭受了放缓的经济增长。自 20 世纪 70 年代起，世界经济增速就整整下降了一个百分点；而通胀率则上涨了 1.5%。[31]

◎政府越来越大，债台越筑越高

后布雷顿森林体系的美元无锚化使无穷尽的货币扩张变成可能，并推动了政府无节制的扩张。1971 年，美国联邦政府债务总额仅为 4360 亿美元。[32] 而今天这一数字则超过了 17 万亿。[33] 自 2008 年起，联邦政府债务翻了一番，而正是这一年美联储开始推行量化宽松政策，这绝对不是巧合。[34]

2011 年，是美联储开始量化宽松的第 3 年，标准普尔将美国的信贷评级降到了 AAA 以下。欧元区的情况更为糟糕。欧洲央行一直推行宽松政策，这些国家经历了主权债务危机，9 个国家的国债评级下调。[35]

1970 年，在布雷顿森林体系下，欧洲各国政府都实现了预算平衡。而到了 1979 年，它们全都出现了赤字。

21 世纪的“前哥白尼式”货币政策

哥白尼之前的天文学家都认同，太阳是绕着地球转的。那些制定了美联储及其他央行现今货币政策的官僚们与他们无异，他们信奉凯恩斯主义和货币主义，并相信，通过抬高与压低货币的价值，政府能够成功管理经济。

美联储新任主席珍妮特 · 耶伦（Janet Yellen）上任不久即发表了一些声明。不止一家新闻媒体带着特有的敬畏写道，美联储的最新官员“表明”，她将继续推行本 · 伯南克于任职末期推出的削减政策，并将减少量化宽松的规模。[36] 如果经济依旧没有起色，她也可能会改变策略，并告诉众议院金融服务委员会，“失业人数实在太多了。”[37]

这项声明反映出人们对凯恩斯理论中菲利普斯曲线的普遍信任。那是一张旨在表明通胀增加会带动就业的图表。然而，我们稍后在第四章讨论通胀时会提到，这一观点早就遭到了一连串经济学家的诟病。不过，像其他许多凯恩斯的假设一样，很少有人对它提出质疑。

健康的经济需要“贸易顺差”的支撑——出口能从海外带回资金。这种观念是荒谬的。也许最愚蠢矛盾的想法就是，通过政策将人民手握的货币贬值，才能增加财富。

这些危险的观念已经对全球经济造成了巨大伤害。当你想到它们时，几乎没有什么直观的感受。全世界信奉货币主义的官僚们根本不可能为数十亿每周参与到上百亿交易中的人们指明方向。

历史上就业率高、经济快速增长的伟大时期无一是对货币价值波动的回应。从蒸汽机的发明到个人电脑的诞生，它们都是企业家的杰作，通过创新来满足真实世界的需求。事实上，我们稍后会讨论到，技术创新最为活跃的时期之一发生在19世纪末，那是罕见的稳定货币与未受阻碍的资本创造间的间歇，是典型的金本位时代。

历史上没有一个例子可以证明积极的货币管理能够推进经济的发展。只在一个时期，央行的干预确实带来了积极有益之处，那就是它将由自己颁布的政策带来的混乱局面清理干净。一个杰出的范例就是保罗·沃尔克（Paul Volcker）掌管下的美联储在20世纪80年代早期缩紧银根以化解70年代由前任政策造成的通胀危机。

货币管理不善的40年

自布雷顿森林体系结束后，40年来美元一直走低，期间只偶尔有几次上升。

相对稳定的一次间隙是里根执政时期的经济“大稳健”时期。当时的美联储主席是保罗·沃尔克。继任的艾伦·格林斯潘于20世纪90年代末使美元走强，引发了轻微的通胀，不过美联储随后又恢复了其之前的政策：弱势美元引发了2008—2009年的经济危机。

继格林斯潘之后，伯南克又推行了量化宽松政策。在其鼎盛期，美联储通过每月购入850亿美元的国债来扩大货币基础。[38]但总的来说，1971年整个货币基础只有850亿美元，而今天已然超过了4万亿美元，这一数字仍在攀升。

过去10年，美国引领了全球货币扩张的潮流。2012年欧洲央行增加了其资产负债表，尽管远不及美联储的规模，但它仍旧达到了历史最高水平。即便是日本这样一个通常与银根宽松的货币政策背道而驰的国家，最近也在谈论削弱日元的话题。

全球整体扩张已经放缓。在削减政策的影响下，经济也已经有所好转。但是，考虑到之前的经历，削减量化宽松政策更有可能只是短暂的停顿，而不是转向更理智的政策——除非公众幡然醒悟，他们需要的是稳定的货币。

20世纪70年代的回归？

理查德·尼克松终结金本位制之后，在通胀的20世纪70年代经济就出现过这种短暂的停顿。正如内森·刘易斯以及其他敏锐的观察家所指出的，2005年左右开始的经济痼疾与20世纪70年代的状况极为相似，两者都是全球货币扩张与不稳定的时期。

但这两个时期并不是完全一致的：与20世纪70年代不同，过去十年间的物价并未出现大幅上涨。然而，这两个时期都经历了猛烈的市场动荡，能源与大宗商品价格飙升，失业率居高不下，中东地区出现社会动荡。与20世纪70年代一样，这一时期金价飞涨，并于

2011年达到了每盎司1896.5美元的最高点。[39]2014年国内生产总值增长了2%，并未比1968至1982年间的平均水平高出多少。[40]

这一切都在意料之中。无论是20世纪70年代的滞涨，还是今天的灾难，都是由同一个凯恩斯理念造成的。那些观点在当时就是错误的，现今依旧如此。

揭开美联储的神秘面纱

这一切都引发了一个问题：为何几乎无人讨论政策失误或是货币？一个原因就是，对包括媒体工作者在内的大多数人来说，谈论货币政策似乎显得枯燥乏味，并有几分令人生畏的感觉——如果你不打算在飞机上继续与陌生人交谈的话，只要跟他聊聊货币政策就可以了。美联储着实神秘，以至于威廉·格雷德（William Greider）将其所著的揭秘美联储的书取名为《神殿的秘密》（*Secrets of the Temple*）①。[41]

央行使用的大量官僚术语早就招致了记者的白眼，并被称之为"联储语"（Fed-speak）。前美联储主席艾伦·格林斯潘就是"联储语"最为知名的践行者。他有一句名言，"自从我当上央行行长之后，就已经学会在说话时闪烁其词了。要是你觉得我的话异常清晰易懂，那一定是你理解错了。"[42]一位前官员曾这样评价"联储语"，说它是"一种说了等于没说的语言"。[43]内部人士坚称，"联储语"有其存在的必要性，因为它可以阻止别人发表会引发市场动荡的声明。然而，不

① 该书在国内出版时被译作了《美联储》。

透明的行话也阻止了对其的审查。

凯恩斯主义者与货币主义者控制了媒体与决策机构，进一步抑制了相关讨论。凯恩斯主义者对福利国家深信不疑，并担心回归到固定汇率会减少消费，并缩减政府规模。这种想法是错误的。19 世纪 80 年代德国执政者是奥托 · 冯 · 俾斯麦（Otto von Bismarck），福利国家的概念于那时诞生。德国比其他国家更能撑得起这一概念，因为它延续了健全货币体制。二战后的德国货币稳定、税收持续减少，德国经济因此得到了复苏，并超越了英国以及其他欧洲国家。

凯恩斯有关货币的观念将人引入歧途，制造了一起又一起的灾难。要想让经济形势好转，进一步认清这些想法的根源及谬误是至关重要的。

更多的人必须意识到，信奉货币主义的官僚们所做的声明看起来似乎枯燥无味，但通常都会造成毁灭性的结果。本书将会证明，他们的话不仅仅只出现在报纸的金融版面上，而且与世界上每个人的生活都息息相关。

第二章

什么是货币?

货币能够衡量财富，但却
无法创造财富。

货币是文明社会中政治构架的基石……然而，稳定的社会需要稳定的货币。

——路易斯·莱尔曼，《货币、黄金与历史》

什么是货币？

人们著书万卷，试图予以解答。但我们越读越感疑惑。答案其实很简单。货币在经济中起到三种作用：

（1）它是衡量价值的尺度。

（2）它是相互信任的手段，陌生人间借此进行交易。

（3）它是社会的交流体系。

尺度，信任，交流。要实现这三种功能，货币首先必须是稳定的。否则，它即会受损，并引发经济危机。在最坏的情况下，如果货币完全失去上述功能，那么社会就会毁灭。

货币是促成交易的工具，但却无法创造交易。就其本身而言，货币并非财富——同样，仅凭央行一声令下，增加货币供应量，财富也不会凭空出现。事实正好相反。

本章探讨货币作为一种度量标准、信任手段与交流体系的运作方式。糟糕的货币政策之所以会引发一连串灾难，皆因未能参透这三项基本原则。

货币是一种度量单位

货币与尺子或钟表一样，是一种度量工具。不过，它衡量的并非是长度或时间，而是物品的价值。

让我们想象一下，若小时与分钟间的换算标准每天都在改变，或是英尺与英寸间的对应数量在不断调整，世界会变成什么样子。那种生活绝对比现在困难得多。要是这一周 1 小时相当于 60 分钟，而下一周又延长至 70 分钟的话，音乐教师该如何为时长 1 小时的音乐课收费？假如某天 1 英尺等于 12 英寸，但几天后又涨到 15 英寸的话，建筑师还怎么设计房子？甚至烤蛋糕也会变成一件棘手的事。因为如果食谱上说，要把蛋糕放入烤箱烘焙 45 分钟，那你得想清楚，这 45 分钟到底是按常规标准计算，还是扣除了通胀因素的。

我们需要明确英尺与英寸间，或是小时与分钟间的换算标准。同样，身处经济社会中的人们也需要确信，他们手中的货币能够准确测量财富价值。货币价值一旦波动——这在今天屡见不鲜——便会产生不确定性，并带来反常且通常极具破坏力的市场行为，例如能够滋生经济及社会的恶性后果——虚假繁荣与萧条。一战后的德国、20 世纪 70 年代以及过去 10 年间的美国都是极好的例证。

发明货币的是人，而非政府

人们若是习惯了无处不在的美元或其他国家发行的货币，就极少会意识到，货币并非政府的发明。作为解决问题的一种方案，货币源自于市场。像勺子或个人电脑一样，它是顺应需求自发出现的。就货币而言，这种需求就是能促成贸易的稳定的价值单位。

古代人最初发明硬币是为了解决物物交换的不便。只有出现了经济学家口中“需求的双重吻合”，即双方都恰好想得到对方手中的物品，交易才可能会成功。

例如，假设在货币诞生之前，《福布斯》杂志的某次广告收入是一群山羊。为了举例说明，让我们假设那时已经有了 iPad，而我们打算购入一些送给作者。我们牵着羊群来到苹果专卖店，可商家却说他想要的是绵羊而非山羊。那么，我们就得想办法把手里的山羊换成绵羊。在此期间，我们还得雇一位牧羊人，以防羊群遭到狼的袭击。他想要的酬劳是几瓶葡萄酒。我们藏有红酒，但他只想要白葡萄酒。你很容易就能发现，为顺利实现目的，物物交换麻烦至极，毫无效率可言。

我们在经济学课堂上都学过：货币是一种具有特定物理特性的交易媒介。它具有可替代性。一种货币单位，如一块金条或一枚硬币，必须能与另一种单位相互换。而且，考虑到日后的使用，它必须便于携带、易于存储。（因此，可能已经有人注意到了，金色包装纸包裹的巧克力无法作为货币使用，尤其是在天热的时候。）

首先，货币必须稳定。

稳定货币的优点

实现货币稳定的最佳途径即是将其与某种商品联系到一起。几个世纪以来，人们通常使用银，尤其是金这类贵金属来实现这一目的。

但是，贝壳、皮毛、鱼、玉米、大米以及烟草等其他商品，也都曾被当作货币使用。烟草曾是殖民时期的货币。[1]二战时，战俘曾把香烟当作货币，而德国人也将这一做法延续到了战后的几年。[2]

米尔顿·弗里德曼（Milton Friedman）在其经典著作《货币的祸害》（*Money Mischief*）中讲述了南太平洋岛民的故事。他们用于交易的巨大石币叫做雅浦岛石币。因为岛民们相信，这种货币具有巨大的内在价值，所以作为价值指标的雅浦岛石币极为可靠。但若说到便携性，它实在是极不称职的货币。据亲眼见过这种石币的人描述，它“由一系列直径在1英尺到12英尺之间的巨大、坚实、厚重的石轮构成”。岛民必须在石币中央插入一根杆子，才能将其滚至所需搬运之处。[3]

这恐怕是世上最不方便的货币了。然而，这并不妨碍它成为一种货币，因为岛民相信，它是可靠的价值尺度。他们无需担心部落首领们会突然下令增发一倍雅浦岛石币——并由此使其所持货币贬值。

一旦货币失去作用

货币若一直十分稳健，其职能也能获得增强。这也是为何在饱受消费品短缺困扰的一些国家内，货币通常不具备价值的原因之一。要是根本就无商品可买，你又如何获知手中的货币是准确的价值尺度？例如，古巴政府自知古巴比索不值钱，因此，它要求游客以远高于黑市的价格，将美元兑换成比索。

在苏联，消费者一直渴望能买到像样的肉、水果和蔬菜。但除非你具有政治背景，能进入特殊商店购物，否则，就算你拥有大把卢布，也买不到这些稀缺的生活必需品。[4]

就算你手握世上所有的东德马克，也买不到一辆由政府生产的特拉班特牌轿车。这种声名狼藉的老爷车甚至比宝马还要千金难求。不过这并非因为它多么值得拥有，而是因为东德境内实际上只允许销售这种严格定额配给的车子。

难怪，人们认为马克和卢布一文不值。这些国家的货币在黑市上的成交价远低于其法定牌价。政府也许能维持货币健全稳定的假象，但市场会泄露实情：你永远也无法得知手中货币的购买力，因为你无法确定每天市场上都会出现哪些商品。

“我们假装在工作，而他们假装支付我们工资。”这句话在苏联耳熟能详。它浓缩了苏联当时的状况。生产力与产品质量低下也就见怪不怪了。

这些国家的货币与雅浦岛石币的例子同样证实了货币的第二项重要特性：它关乎信任。

货币，我们信任与否

货币能够在交易双方间建立起信任，促成贸易。在物物交换的年代，假如你用鸡蛋换了面包，你还是无法确定即将到手的面包是新出炉的还是隔夜的。可如果你把鸡蛋换成了钱，那你大可对它的价值放心。

媒体喜欢把货币描述成冲突的煽动者。但事实上，纵观历史，货币起到了推动合作的作用。它在买方与卖方间搭建起桥梁，使得素昧平生但又认可同一价值尺度标准的双方能走到一起。历史学家杰克·威泽弗德（Jack Weatherford）等人记录了货币如何通过弱化传统的血缘关系和社会关系来实现社会转型的过程。因此，货币创造了贤能社会，赋予一小部分人挑战既有秩序的权利。

正是基于货币的这种能力，乔治·华盛顿执政时期，美国的首任财政部长亚历山大·汉密尔顿才会提议设立新的铸币局，制造与一分钱铜币大小相仿的硬币，以及面值为半分的硬币。这些硬币组合出的价格能使穷人承担得起。汉密尔顿出生在新印度群岛一个单亲母亲的家庭。他对货币有种独特的鉴赏力，认为它能促进机会主义文化，帮助外来者崛起。用传记作家福里斯特·麦克唐纳（Forrest McDonald）的话说，汉密尔顿敏锐地理解到，“货币与阶级、身份、种族以及个人所继承的社会地位无关；货币是客观中立的最终仲裁者。”[5]汉密尔顿建立了一个基于货币与市场的金融体系，因为，借用麦克唐纳的原话，他想把美国打造成一个“阶层流动畅通，有付出才有回报的社会”。[6]

若要使经济，乃至社会正常运作，我们就必须信任货币。货币的价值主要还是与人们的感知有关，而非它到底是由金属还是纸张制成。

人们也许会因战争这类灾难性事件而对货币失去信心。但诱发信心缺失的根源，多半还是政府已经或将要过度印制钞票，不论其出发点是什么——例如，打造言过其实的福利国家，或是为开销惊人的军事冲突筹措资金。

信任的缺失意义深远，其造成的惨痛后果将不出所料：该货币将在外汇市场上遭遇大规模抛售。在最坏的情况下，这种攻击可能会使币值陷入死亡漩涡，引发大幅崩溃。国内通胀会因之加速，政府被迫大幅提高利率，从而将经济推入严重衰退的深渊。由此引发的恐慌或会波及其他国家。

2013 年，美联储暗示其将削减购买种类庞杂的债券的规模，由此拉高了美国利率。因预计各银行和公司将从新兴国家内撤出资金，以赚取美国国内的高额利率，巴西、印度、土耳其和印尼等国的货币遭到了打压。[7]

外汇市场的投机者们随时准备攻击这些国家的货币，因为他们明白，政府不会采取必要措施来维护本国货币的稳定。要不是这些政府动用了央行的美元储备购买本国货币，支撑起其币值的话，投机者就能轻而易举地实现他们的攻击阴谋。不过，因为当今大多数国家都不了解维持货币稳定的重要性，这种相对来说易于操作的措施却少有人采纳，或是能被正确运用。

1997 年，一场类似的信任缺失引发了亚洲货币危机，其后果是毁灭性的。一方面，泰国国内推行放松银根的政策，另一方面，美联储无意间推行的银根缩紧政策与政府为促进增长而实施的减税政策造成美元走强。两相叠加，迅速引发了这场灾难。强劲的美国经济使投资者们抛售泰铢及其他货币，购入美元。观察家发觉，为保证泰铢能以固定汇率与美元挂钩，泰国印发了过量泰铢。与大多数其他货币官员一样，泰国中央银行的银行家们不知该如何捍卫泰铢。而事实上，他们应该暂时减少货币的供应量。而国际货币基金组织给予亚洲各国的建议同样愚昧无知，因为它建议各国将各自货币贬值。

外汇交易商很快意识到，泰国的决策者们并未能意识到维持货币价值稳定的重要性。他们对泰铢的健全性失去了信心，由此泰铢全面崩溃。

值得信赖的货币是繁荣的根基

若是一国货币稳定、可靠，情况将截然不同：人们希望持有手中货币。资金和投资不断流入拥有稳定货币的国家。因此，稳定的货币是经济繁荣的根基。

英国就是一例典型。在200余年间，英镑一直稳定地以固定汇率与黄金挂钩。[8] 自1717年英国正式确定英镑与黄金间的兑换比率后，放贷人能安下心来，因为别人用以偿债的钱不会贬值。[9] 英国国内资本创造与投资开始激增。英国强势的货币协助创立了资本市场，将其从位居二线的岛国转变成世界上最强大的工业国家。

在稳定货币与资本市场的驱策下，英国创造了蒸汽机、铁路，以及无数开启现代社会的进步革新。它的成功令人惊叹，并引来美国及其他国家的效仿。19世纪末是古典金本位制的时代。美国、绝大部分欧洲国家，以及日本都先后将本国货币与黄金相挂钩。19世纪创造的财富超越了之前所有世纪的总和。

但到了21世纪，反而不见了稳定货币的踪影。不过，能设法相对稳住本国货币价值的国家，其经济表现一般都较为上乘，瑞士、新加坡和中国就是例证。因为在这些国家做交易更为简便，所以它们更容易保持住经济活力。

在这个不稳定货币横行的时代，货币相对健全的国家偶尔也会反受其害。2011年的主权债务危机威胁到了欧元。期间，许多国家都试图向瑞士法郎寻求庇护。较之欧元，瑞士法郎急速冲高，损害了瑞士出口商的利益。最终，瑞士政府不得不出台规定，限制瑞士法郎与欧元间的最高汇率。[10]

货币需求的重要性

一旦持有人人趋之若鹜的货币，你就掌控了全球需求。全世界都未能重视需求在确定货币价值及其供应量方面的重要性。

强劲、发展的经济会带动货币需求。相应地，因美元在全球的用途更为广泛，美元的供应量要超过加元或是澳元。各国人民都更愿意持有美元，因为美国经济更为强大，其资本市场也更为深厚。

政府如何才能增加对本国货币的需求？借用奥斯汀·鲍尔斯（Austin Powers）① 的口头禅就是：行动。通过实施刺激经济、有利市场的措施，或是通过推行财政紧缩，向市场传递一种信号：我们的货币不会贬值。

在美国降低税率，并于 20 世纪 90 年代末拒绝了高昂的医改方案之后，大量资金涌入美国，美元走强。[11] 人们想对美投资，美元的需求随之增加。

凯恩斯主义者和货币主义者都太过强调货币的供应量，而忽视了货币的需求。试图在不存在需求的前提下创造货币，就会造成 20 世纪 30 年代曾出现的“推绳子”（pushing on a string）② 的局面。经济不会有任何起色。

---

① 电影《王牌大贱谍》系列中的搞笑特工。他的口头禅“Oh, behave！”等迅速成为流行语。

② “推绳子”常被用来比喻货币政策的局限性。试想当一个人被绳子拴在柱子上，他可以拉断绳子挣脱，而并不能推绳子，因为完全在错误的方向上做无用功。同样，在消费需求或投资不足，即发生通缩时，货币政策的有效性远不如通胀时期。货币政策在 1930 年代美国大萧条及 1990 年代日本经济大衰退时期作用全无，便是“推绳子”的经典范例。

经济停滞与美元信任危机

自2008至2009年金融危机之后，经济停滞就已成为一种常态。过去几年，美联储资产负债表数额暴增，巨额刺激消费计划出台，政府规模扩张史无前例——尤其是多德-弗兰克（Dodd-Frank）的“金融改革法案”与“平价医疗法案”，洋洋洒洒数千页。与此同时，政府债务也达到历史峰值。这些错误政策抑制了经济及货币需求，动摇了人们长期以来对美元的信心。

你也许还记得，2011年，黄金价格飙升至每盎司1900美元。价格之高，令人咋舌。正如我们所见，评级机构标准普尔于2011年下调了美元的信用度。[12]美国最大的外国债权人中国，及其他国家都开始担忧，若美国在偿付债券上违约，由之引发的全球金融崩盘将比2008年的经济危机严重数倍，美元也会因之崩溃。即便如此可怕的场景不会出现，他们依旧担心美元会长期下跌。

中国认为美国经济的发展已经停滞，美国的领头羊地位岌岌可危。他们认为美国政府因政治混乱而陷入瘫痪，似乎已失去治理能力。2013年，部分美国政府关门歇业。新华社在一份愤怒的评论中，猛烈抨击道，“两党仍在为联邦财政预算寻求可行方案，并试图就提高美债上限达成一致。华盛顿因此再次陷入周期性僵局。[13]众多手握巨额美元资产的债主再度身处险境，国际社会也备受煎熬。”这篇社论重申了“去美国化”的呼吁，希望引入新的储备货币“取代美元的主导地位。[14,15]只有这样，国际社会才能永远摆脱由美国国内不断加剧的政治混乱带来的影响”。

当国会与总统最终批准政府重新开始运转时，债务违约总算是避免了。但人们对美元的担忧并未终结。相反，共和党同意由奥巴马政府提高债务上限，举借更多债务。这一举措不禁使一些观察家开始思考：这是否意味着，美元崩溃已成必然，只是时间早晚的问题。

比特币与其他替代货币

人们若是对一种货币失去信任，替代货币就会不断涌现。现在，人们对美元的信心摇摇欲坠，这一现象自然就出现了。2012 年，美国的 13 个州就打算通过立法，允许人们使用金银币代替美元。其他的替代货币还包括现已遭禁的“自由美元”，以及最近颇具争议的电子货币比特币。

这些方案其实并没有那么激进。现代人已经忘了，美国历史上有很长一段时间内，曾流通过多种货币。从 19 世纪 30 年代中期到 50 年代中期，除了美元外，其他国家发行的金银币和美国铸币局制造的硬币也都是合法货币。直到 19 世纪中叶，西班牙银币还一直在美洲殖民地大量使用。[16]

犹他州州长加里·赫伯特（Gary Herbert）签署批准了一项法案，允许在犹他境内使用美国铸币局制造的金银币——美国鹰币——作为流通货币时，他也许也想到了这段历史。[17]

随后就是比特币。这种无国籍的电子货币设计之初是作为传统货币的替代品出现的。最初所创造的固定数量的比特币可以在线上交易中购买和使用。政府及银行都无法对其进行监管。除此之外，比特币本身也可进行交易。它的优势在于其不受政府法令与监管的影响。比特币最初为人们带来了惊喜，并受到热烈追捧。

这种电子货币最终引来了法律审查，终结了人们的狂喜。它承诺的匿名性为包括毒品交易在内的非法交易提供了完美掩护。2013 年，联邦调查局逮捕了化名为“恐怖海盗罗伯茨”的大毒枭罗斯·威廉·乌布利希（Ross William Ulbricht）。[18] 他利用比特币在名为“丝绸之路”的网络黑市上进行毒品交易。据说，“丝绸之路”这家网上黑市也是他创办的。警察在旧金山的一家公共图书馆中逮捕了这位 29 岁的本科毕业生，随后联邦调查局关闭了他的网站。

2014 年，全球最大的比特币交易中心，位于东京的 Mt. Gox 突然宣布关闭。[19] 原因是它被爆出失窃了几十万比特币的消息。此举引发了大规模抛售，导致比特币崩溃。

批评家将比特币的失败归结为其不受监管的状态和匿名制。然而真实原因却是，它并非真正的货币。也许高科技的比特币俘获了那些想为美元寻找替身的人，但其币值的剧烈浮动使其无法成为稳定的价值尺度，因而无法成为信任的工具。

福布斯网站的编辑卡什米尔·希尔（Kashmir Hill）靠比特币生活了一周。她以 126.69 美元的价位购入了价值 600 美元的比特币。当比特币最终兑换到手时，在线交易已将比特币的价位推到了 142 美元。[20]

令人遗憾的是，比特币价格的下跌一样十分迅速——一天之内有可能下滑 61%。[21] 客观地说，1929 年的“黑色星期一”，道琼斯指数下挫 13%，而 1987 的“黑色星期一”则下行了 23%。

难怪希尔发现，早在比特币崩溃前，接受该币种的商家就寥寥无几。

比特币的故事告诉我们，一旦存在需求，货币会试图抬升自身价格。不过，即便人们能够开发出切实可行的替代货币，在现今不稳定的大环境下，这种替代品可能也撑不长久。因为格式定律（格雷欣法则）有言：**劣币驱逐良币**。历史证实了：货币贬值时，人们倾向于囤积“良币”，即价值精确的货币，并在市场上抛售“劣币”，即估值过高的货币。格式定律解释了为何新英格兰殖民政府印发纸币之后，仍处于流通状态的银币便在市场上踪迹全无，进而进一步打压了币值。[22]

货币贬值造成的毁灭无处可避。

货币能传递信息

信任并非是我们需要维持货币稳定的唯一原因。如果货币要在市场中实现交流工具的作用，稳定也极为重要。经济学家弗里德里希·哈耶克（Friedrich Hayek）解释说，货币通过价格机制促进市场及社会中的交流。[23]

价格体系是产品和服务能在没有任何行政命令的情况下，突然出现在自由市场经济中。哈耶克评述说：“价格体系最为重要的特点就是，其运转所需的知识很简洁。就是说，参与其中的个人只需掌握很少的信息便能采取正确行动。”[24]

价格不仅能为参与某项具体交易的买卖双方提供信息，而且也能为身处整个经济的生产者和消费者提供信息，以便他们做出决策。例如，价格上涨就意味着对某种商品或服务的需求增加。与此相反，价格下跌则表明获利减少，暗示人们不再需要这种产品。

便携式录音机就是一个很好的例子。索尼公司 30 年前推出它时，曾轰动一时。借助这个能够装在衣兜里的小巧机器，你可以通过一副耳机聆听高保真音乐。第一台便携式录音机在日本的售价是1000美元。1979年，它在美国的起售价是200美元上下。[25] 便携式录音机的销量与利润一飞冲天——一夜之间，家家公司都开始生产便携式录音机。

一种新的科技随后出现：便携式CD播放机。对便携式录音机的需求开始下降——价格与利润也随之缩水。厂商开始专注于CD机的制造。接着又出现了iPod，以及可下载的电子音频文件。便携式CD机再次成为明日黄花。虽然便携式录音机和CD机仍在市场有售，但其市场需求已经巨幅缩水，现在只要20美元就能买到一台了。

价格也同样能反映出生产力的进步。30年前，一部大小如鞋盒的移动电话售价3995美元。[26] 现在的手机更为小巧，功能更为强大，而价格也更为便宜——若是购买某些话费套餐，手机甚至免费可得。

这般事例不胜枚举，平板电视就是其中之一。现在平板电视的价格不及十年前的十分之一，而其使用的技术则要复杂得多。

这也是为何那些呼吁要稳定价格的人们实则大错特错的原因。他们误解了由生产率变动造成的价格波动，以及由通货膨胀或通货紧缩所带来的供给变化。总的来说，在充满活力、不断革新且多产的经济中，价格应该下降，因为生产者能找到减少成本的途径。十几年前，iPad中的存储设备的成本是10000美元。而今天，50美元就够了。[27]

正是货币推动下的价格与利润，才使得市场经济能提供社会之所需。当政府人为地破坏货币稳定时，它提供的信息就会发生偏颇。生产者与消费者对扭曲的市场信号做出应对。最终结果就是供过于求、供应短缺，或是市场泡沫。

货币并非财富

作为价值的尺度、交流的手段和信任的工具，货币促进了社会的财富创造。然而货币本身并非财富。它不过是个工具罢了。

亚当·斯密是最早一批意识到这一点的人。斯密将货币定义为“商业的工具，价值的尺度”。[28] 他写道，人为增加经济中的货币量，就像是在毫无市场需求的情况下，增加烹饪器皿的供货量，二者皆是枉然。[29] 斯密在其影响深远的杰作《国富论》（*The Wealth of Nations*）中，就货币问题提出了绝妙见解。他认为，货币与其他工具一样，是在需求产生的时刻自发出现的：

> 食物供应若是增加，锅碗瓢盆的数目也就要连带增多。购置这些器具的过程，会消耗一部分增加的食物。或者，我们也可以额外雇佣精于打造器皿的铁匠来制造这些器具，不过这同样会消耗食物。

斯密写道，购置过多闲置炊具会耗尽一个家庭的财力。同样，政府如果试图获得大量金银，“必然会减少可用于衣食住宿，用于维系人民生计的财富”。[30]

不同于其同时期的人——事实上，也有别于现代人——斯密发现了货币如何通过促进盈利来推动社会发展。他用大规模生产大头针的例子来说明，为何劳动分工带来的生产率提升意味着“除了供应自身需要外，每个工人还能将自己的劳动产品大量出售”。[31] 他解释道，剩余的产品与服务可作为资本，用以创造更多财富，而且“普遍富裕扩散到社会各阶层。”[32]

《国富论》出版于1776年，恰逢美国签署独立宣言。斯密有关自由贸易及健全货币的想法——包括他对重商主义和国家管制的排斥——对开国元勋们产生了巨大影响，其中最为著名的就是亚历山大·汉密尔顿。

汉密尔顿面临的挑战是如何重振浴火重生的美国经济。先前的经济基础已被独立战争和“大陆军”（Continentals）不断印发钞票的行径摧毁殆尽。他和斯密一样，熟知历史。他写道，经济复苏的关键在于“为美国财政引入秩序。”[33] 为捍卫美国的独立，不再使其落入英国的掌控，新生的美国需要一个具备信用基础的银行系统：

> 银行是为推动贸易发展而发明的最令人愉快的“引擎”。威尼斯、热那亚、汉堡、荷兰以及英国皆是将其发挥效用的例子。这些地方积累的财富、繁荣的商业以及赚取的金钱……都要归功于这一源泉。英国能在众多知名战役中获得成功，本质上要感激其在此基础上建立起来的巨大信用体系。单凭这一点，她现今已经威胁到了我们的独立。[34]

亚历山大·汉密尔顿效仿英国，建立了美国第一银行及铸币局，并通过立法确定了1美元所能兑换的黄金数量。汉密尔顿的银行系统与健全货币体系很快引来资金并形成资本，美国由此转变成世界上主要的工业强国。

第三章
货币与贸易：理解上存在不足

贸易量不足才是
真正的问题。

> 按其定义，国际贸易始终处于平衡状态……每个买家都能找到卖家。然而，这一交易圈中的各色事物都贴着不同标签……令人不解的是，我们为何要收集这些数据；如果派克大街的统计结果与曼哈顿岛类似，那么派克大街的人们就会因为担忧贸易逆差而彻夜无眠了。
>
> ——罗伯特·巴特利，《丰盈的 7 年》

从很多方面来说，定下现代货币政策的官僚们都倒退回了 16 至 18 世纪的重商主义时代。那时的货币由贵金属——金条和银锭，或硬币——构成。货币是财富的代名词。因国与国之间战火硝烟不断，财富通常是一种战利品。

路易十四时期不择手段的财政部长让 - 巴普莘斯特·柯尔贝尔（Jean-Baptiste Colbert）是位超级重商主义者。他曾在回忆录中写道："不论是和平年代还是战争岁月，贸易总能挑起永恒的战争。"[1] 对柯尔贝尔及全欧洲的重商主义者而言，国家间的贸易是场霸主地位之争，而货币就是其首要利器。与同时期的许多人一样，柯尔贝尔对西班牙心怀嫉妒，因为它在新大陆发现的矿藏为其带来了大量黄金和白银储备。

法国与其他国家境内并无富含贵金属的矿产；而柯尔贝尔认为它们可以通过贸易来创造财富。他断言道，"对法国人来说，时尚就像是西班牙人眼中的秘鲁金矿。"[2] 正如西班牙丰富的矿产资源为其军事扩张提供了资金支持，柯尔贝尔及信奉重商主义的同道中人都认为，贸易产生的财富有利于经济民族主义。他在关于贸易的备忘录中写道，法国产品将"为我们带来经济回报——简言之，那是贸易的唯一目的，也是使我们国家更为强大的唯一途径。”[3]

柯尔贝尔和全欧洲的重商主义领袖都在千方百计地扩大出口，因为出口能带来不断增加的金银财富。他们限制或禁止进口，认为进口会耗尽国内货币，也就相当于消耗了国家财富或国力。[4]资本管制也在他们的管理制度之列。那时的资本管制意味着禁止金银出口，因为金银支撑起了国内货币的供应量。

柯尔贝尔将重商主义发挥到了极致。通过扩大国内生产，他将贸易保护主义与旨在促进出口的令人窒息的中央计划及税收结合到一起。柯尔贝尔主义推行的监管令人惊愕，采取的实施策略十分强硬，因而被比作法西斯主义。

在许多方面，重商主义都反映出了封建时代遗留下来的堡垒心态。那时人们生活在城堡的高墙之内，自给自足就是力量的象征。柯尔贝尔的严厉措施也许成就了太阳王路易十四时期的辉煌。但到了其统治末期，法国在债务的重压下喘不过气来。

重商主义下的货币政策及其对贸易的敌对态度最终被亚当·斯密及启蒙运动时期的哲学家们所摒弃。他们指出，不论是发生国内或国家间，贸易都是战争的对立面：它是一种能使所有人受益的互惠交换。

二战后，贸易壁垒逐渐放松，随之出现了爆炸式的繁荣。斯密的想法由此得到验证。2006 年发表的一项研究结果曾被广泛引用的。根据这份研究，对外贸易每年为美国经济新增 0.8 万亿至 1.4 万亿美元的收入——平均每户可获价值约在 7000 至 13000 美元间的产品、商品及服务。[5]尽管爆发了两次世界大战，但自封建时代起，全球军事冲突仍呈现出长期减少的态势，这其中近代时期的全球贸易功不可没。

信奉凯恩斯主义的决策者们与相信重商主义的先辈们一样，坚持认为贸易是场战争，而货币政策则是主要的武器。不论是现在，还是在柯尔贝尔时代，这种想法都是荒谬的。最糟糕的是，它造就了现今危险的全球法定通货体系，各个国家试图通过压低本国币值来获取贸易优势。

那些不知该如何捍卫本国币值的国家容易遭到投机客的攻击，并可能因此遭遇货币崩溃。全球环境原本无需如此变化无常，而现在这种混乱局面加剧了全球对抗与敌意，赋予了柯尔贝尔将贸易视作战争这一观点以新的意义。更糟的是，它阻碍了全球经济发展、毁灭了大笔财富。

数十年间分裂的货币政策

政治家在货币与贸易的问题上向来存在分歧。长期以来，自由贸易一直都是官方的真言。政策制定者不一定会使用获取胜利这样的字眼——他们通常会把自己的目的更客气地表述为，修正贸易逆差，或是实现所谓的贸易平衡。然而，官方使用的委婉话语最终还是要归结到柯尔贝尔式的贸易保护主义上来：促进出口能带来更多美元或其他硬通货，而鼓励进口则会造成资金流失、失业增加。人们认为进口对经济会产生负面影响。

在重商主义心态的影响下，人们认为弱势美元——较之其他货币，美元更为便宜——是有益的，因为它能抬高进口商品价格，使出口产品更具吸引力。强势美元的币值会超过其他货币，这则是有害的，因为它会降低进口商品价格，提高出口商品价格。

二战后的政府多想同时持有这两种货币。他们面对这样一种窘境：在国内，因其能鼓励出口、刺激国内经济，人们认为疲软的货币政策是一大优势；而过度印发钞票会逐渐削弱本国货币，招致贸易伙伴的敌意。

奥巴马用于削弱美元的措施要多过历史上任何一位美国总统。其就职之初就通过即将上任的财政部长蒂莫西·盖特纳（Timothy Geithner）发出信号表示自己赞成强势美元。[6]

这实在是极为典型的一招。在人们发觉其言行不一之前，大部分政客都宣称自己意在支持强势美元政策。奥巴马的前经济顾问克里斯蒂娜·罗默（Christina Romer）在《纽约时报》上一篇坦诚的报道中不情愿地承认了这点。她说，前财政部长拉里·萨默斯（Larry Summers）在进入政府团队后就曾向自己提议：即便政府认为弱势美元才更可取，但在官方的公开声明中，政府方针仍必须表述为“美国支持强势美元”。[7]

政府在弱势与强势美元这个问题上一直存在矛盾心理，因此造成了其在宽松与紧缩的货币政策之间摇摆不定。正是这种普遍的混淆与对健全货币重要性的无知，才导致了 20 世纪 70 年代初布雷顿森林体系金本位制的崩溃以及现今的法定通货体系。

理查德·尼克松与特里芬悖论

理查德·尼克松及其同时期的许多人都很担心特里芬悖论带来的后果。[8] 20 世纪 60 年代初，颇具影响力的比利时经济学家罗伯特·特里芬

（Robert Triffin）就曾写道，因各国政府与全球大型企业日益将美元作为世界首要的储备货币，过多的美元会流向海外。对美国来说，这会造成国际收支赤字。他与其他的新重商主义者都认为这是十分危险的。

特里芬悖论由此产生：特里芬及其支持者觉得，如果美国政府限制美元外流，就会出现钱荒，导致全球经济增长放缓。[9] 而另一方面，如果美国印发了全球经济所需的美元，又会造成贸易不平衡，更难维持美元与黄金间的兑换比率。

美国也很担心其当时最主要的贸易对手日本和德国的表现。这两国都拥有对美贸易顺差，并持有数量十分危险的美元储备。虽然按现今臃肿的标准来看，它们手上的美元储备根本不值一提。美国人相信两国都在通过操纵本国货币来促进出口，并在对美贸易战中获取贸易优势。而美国自 20 世纪 70 年代初就已经出现贸易逆差了。[10]

事实上，美元价值正在减少，不过其原因并非是特里芬悖论。美国和其他各国也许是因为布雷顿森林体系才同意采纳金本位制，但他们并不知晓维持金本位制的机制，因此也不知道严格秉承这一体制的重要性。

尼克松政府及其前任林登·约翰逊破坏了金融规则。为了替自己在“伟大的社会”计划①中提到的福利机构买单并推进越战，约翰逊激增了美国政府的支出。约翰逊政府一直在向美联储施压，要求保持低利率。市场中流通的美元超过了实际所需。人们日益感觉到美国不会，或者说，无法再维持布雷顿森林体系所定下的每盎司 35 美元的兑换价位了。

---

① 约翰逊提出的社会福利计划，内容包罗万象，如推动民权法案，资助公共教育，以及医疗援助计划。

目光短浅的重商主义已经过时，尼克松及其顾问们却仍用这样的视角来看待世界。他们觉得问题出在商品贸易逆差身上——美国从别国购入的商品数额超过了自己所卖出的数额。他们觉得这该是国家羸弱的迹象，是在打压美元的信号。他们相信将美元以当时的浮动比率与黄金进行绑定，意味着美元价值被高估，并将使德国与日本保持贸易优势。于他们而言，解决的办法显而易见：美元必须贬值。[11]

他们的想法是放开货币价值，使其能够“自由浮动”，这将赋予美国及各国政府更多的将货币贬值的余地，从而修正贸易不平衡的问题。浮动汇率的信任者们说服自己相信币值波动不会太过激烈。

1971 年 8 月 15 日，尼克松政府宣布关闭“黄金窗口”，美元与黄金再不相干，实际上终结了金本位制。[12] 美国开始就进口征收临时性关税，以扭转其国际收支，同时宣布实行为期 90 天的工资与物价冻结用以控制通胀。[13]

1973 年初，布雷顿森林体系正式宣布终结。[14] 在美元解除了与黄金间的挂钩之后，钉住美元的全球货币也结束了固定汇率制。这是有史以来，全球首次没有任何国家采用金本位制。[15]

尼克松坚持认为自己的鲁莽举动是必要的，能通过促进出口来推动美国经济。一开始，美联储印发钞票的预期效果的确实现了。虚假的繁荣使尼克松在 1972 年的大选中轻松获胜。次年 1 月，股市达到巅峰。

用尼克松自己的话来说，他的目的是“稳住”美元。但事实上，他割断了能稳住世界货币体系的锚，向美国和其他国家颁发了随意创造货币的许可证。无节制的全球印钞热潮随之而来，进一步削弱了美元及他国货币。通胀一发不可收拾。

或许尼克松对因自己的政策所释放出的破坏力后悔不已。1973至1974年间，道琼斯指数的市值蒸发了45%。[16]“尼克松冲击”要为20世纪70年代那场以滞涨（经济停滞时发生的通货膨胀）为特征，最终带来灾难性后果的经济不景气负起责任。

尼克松终结了布雷顿森林体系之后，也为美国及各国带来了能源危机。1973年赎罪日战争①之后，阿拉伯石油产商将油价上涨了70%，随后发生了阿拉伯石油禁运事件。[17]油价上涨使当时部分人坚称全球石油即将枯竭。然而，这一事件的根源却是弱势美元。同时，尼克松对石油实施限价，导致石油定量配给，加油站前排起长长的队伍。

面对加剧的通胀，美联储大幅提高了利率。[18]黄金价格因货币基础收缩而下跌。[19]经济止步不前，失业人数急剧上升。[20]尼克松在政治上遭到猛烈攻击，并最终在水门事件的阴影下被迫辞职。（尽管，他的政治地位也被经济重重拖垮了。）

固定汇率制的终结将重商主义推至顶峰，开启了充满滞涨与货币混乱的十年，并为近期最严重的几次经济灾难埋下了伏笔。它一手造成了1987年股市的崩盘，也带来了过去十年间具有毁灭意义的美元贬值政策，为2008至2009年间的金融危机做足了准备。

乔治·布什（George Bush）与奥巴马政府借着促进出口、刺激经济的名义，利用浮动汇率制逐渐削弱了美元价值。这些措施反过来助长了后来带来灾难性后果的房地产和商品期货泡沫——以及泡沫最终的破灭，使得过去十年间，美国人民实际收入下降。

布雷顿森林体系的终结永远改变了全球金融体系。但是，犯错的

---

① 埃及、叙利亚和巴勒斯坦游击队反击以色列的第四次中东战争。

并不仅仅是尼克松一人。当时所有的政治领导人及经济学家都要承担起这一责任。

后布雷顿森林体系：一个更为危险的世界

20 世纪的新重商主义者也许认为，浮动汇率制能纠正各国各自认定的其与竞争对手间的失衡，并支撑起本国经济发展。然而他们建立起的货币政策比之前毁掉的那个还要不稳，并且更难以实现平衡。

当全球货币或锚定黄金、或锚定以黄金为支撑的美元时，传统的外汇交易市场就像是古老的外币兑换处，为进行跨境交易的政府、金融机构、跨国公司及个人兑换货币。用外汇战略分析家卡勒姆·亨德森（Callum Henderson）的话来说，“1945 至 1970 年间，不存在怀有任何目的的货币投机活动。”[21]

布雷顿森林体系结束之后，一切都发生了变化。竞争更为激烈的大型外汇市场发生了一连串货币危机，不仅动摇了美国和南非的经济，也影响到了俄罗斯、亚洲和南欧。

2001 年，一项由罗格斯大学、加州大学伯克利分校和世界银行共同发起的研究分析了 120 年金融史的所有数据，并发现“1973 年起危机发生的频率是布雷顿森林体系及金本位制期间的两倍。与危机重重的 20 世纪二三十年代相当”。[22] 该研究结果在发生金融危机的 8 年前就发表了。

后布雷顿森林体系时期发生的混乱局面使欧洲国家匆匆寻求稳定货币的庇护，促成了欧元的诞生。由此引发的货币交易热潮成为银行服务业务的巨大来源。混乱造成市场波动，带来的巨额投机横财遭到占领华尔街运动示威者及其他人的严厉声讨。在这个危险的世界里，货币政策成为一种惯常使用的武器，几乎次次都能带来毁灭性后果。

货币之棍

奥巴马在 2013 年的国情咨文中谈到要通过与亚洲及欧盟间的重大举措来实现“公平自由”的贸易[23]。在之前的演讲中，他已经明示了自己的根本目的：5 年内将出口额翻番，重振美国止步不前的经济。[24] 显然，奥巴马并不是独裁者，挥挥手就能要求经济实现“大跃进”。他的此番言论通常被视作是货币政策的宣言。奥巴马向我们传递的信号是：他将继续推行已使美元价值大幅下跌的低利率和量化宽松政策。

奥巴马不过是历史上最近的一位将货币政策当成武器的美国总统而已。过去几十年中，他的众多前任都在国会的煽动下选择了类似削弱美元以增加出口的政策。

货币保护主义甚至在里根时期就出现了。受到日益偏向保护主义的国会的怂恿，财政部长詹姆斯·贝克（James Baker）逐步压低了美元的价值，因为美对德、日及其他国家呈现贸易逆差一事一直令他耿耿于怀。[25] 1987 年 10 月 14 日，贝克公布了美国的巨额贸易赤字后，就宣布，解决赤字的办法就是必须在日后进一步降低美元价值。此言一出，股市大幅跳水，最终出现了 1987 年 10 月 19 日的黑色星期一。一天之内，道琼斯工业平均指数下挫 508 点，市值蒸发超过 22%。[26] 国会的立法和弱势美元政策就像 58 年前展开全面贸易保护的“斯姆特－霍利关税法”一样，为股市带来了灭顶之灾，随之引发的全球贸易战最终导致了大萧条。[27] 然而这一次，美国做出了让步，因此避免了崩溃局面的产生。

何时会是乱世？

考虑到布雷顿森林体系终结后的动荡局面，人们对过去几十年间的全球货币扩张及金融危机比以往任何时候都要焦虑。这一点不足为奇。这种焦虑不仅体现在高涨的金价上，而且也能从近期大量的灾难预言中窥见一斑。即便是一些经验丰富的观察家们也都认为，有可能会发生一场破坏性远超 2008 年那场灾难的危机。更有甚者甚至预言，货币战争的程度堪比世界大战。

福布斯网站撰稿人埃蒙·芬格尔顿（Eamonn Fingleton）就设想了这样一幅末世之景。[28] 他援引保罗·克雷格·罗伯茨的话写道，美元崩溃将带来世界末日，“在沃尔玛购物的顾客会以为自己正在逛内曼·马库斯①”。

在《谁将主导世界货币？》（*Currency War*）一书中，投资策略分析师詹姆斯·里卡兹（James Rickards）披露说，事实上五角大楼集结了学界与金融界的专家一起研讨末世将以何种方式出现。[29] 这些人得到指示“只能使用金融手段——货币、股票、债券以及金融衍生工具”。他们被要求想象出一场“使用货币及金融资产，而非飞机与船舰进行的全球金融战”。里卡兹将现今的货币环境描述成是“17 世纪

① 美国一家以经营奢侈品为主的高端百货商店。

重商主义的新版本。公司企业成了国家权力的延伸”。同时，中国、俄罗斯及其他国家将把货币贬值及金融衍生工具等金融手段当成“大规模杀伤性的金融武器”。

知名投资人吉姆·罗杰斯（Jim Rogers）对爆发新一轮通胀危机及信用崩盘的可能性极度担忧，甚至举家移民新加坡。[30]

不单是全球环境，连美国国内的发展也要为罗杰斯等人的担忧负起部分责任。美国政府的公债金额空前绝后、大举推行印钞举措、经济发展止步不前，这些都让人心惊胆战。对美国国内的政治纷争及对外呈现出的弱势，人们同样忧心忡忡。这些忧虑全都转化成了对美元未来日益加深的担忧。

美元真会遭到攻击，并像泰铢或最近的土耳其里拉一样，完全或近乎崩溃吗？

中国人担心不已，甚至呼吁要在全球金融体系内开展“去美国化”运动，不再将美元当成是主要的储备货币。在过去几年，中国实际上不再购入美国国债作为自己的储备。[31]

中国政府同时提议舍弃美元，转投一种较少使用的全球货币——特别提款权，俗称“纸黄金”。[32]特别提款权是国际货币基金组织为应对特里芬难题而于20世纪60年代创立的美元及黄金的替代品。现在，纸黄金的价值来自于四种货币的组合：美元、日元、欧元和英镑。

既然人人都在思索末世的应对之道，这也就反映出了我们现今所面临的共同险境。如果政策制定者无法恢复理智，放弃贸易赤字这种可笑的执念，那么新一轮破坏力更强的货币危机势必无法避免。现在真正的危机不是贸易逆差，而是人们对货币和贸易在理解上存在不足。

贸易逆差谬论

新重商主义假设进口会消耗国家财力、造成人民失业，而出口则能带来资金、创造财富。几乎没有人质疑过这一假设。人们觉得国家的贸易逆差就像是公司在运营时出现的亏损，而贸易顺差就是公司获得了盈利。因此，贸易逆差被视作经济薄弱的象征。

这种误解甚至影响到了对国内生产总值（GDP）的计算方式。20世纪30年代起，在计算GDP时，人们对出口用的是加法；而进口则是减法。[33] 另一种算法也令人困惑，它将政府支出也算作GDP的增项——对曾长期生活在苏联的人来说，这可真是件新鲜事了。

然而，顺差也好逆差也罢，纵观历史，它们几乎从未反映过经济的健康状况。新重商主义者忽视了这样一个事实，即在过去400多年中，美国约有350年一直处在贸易逆差之中。[34] 倒是20世纪30年代的大萧条时期出现了贸易顺差，这可能是当时唯一值得庆祝的事了。在经济更为繁荣的年代，如20世纪90年代晚期，美国一般都存在贸易逆差。因为在那种环境下，美国被视为快速发展且消费力强劲的理想市场。人们乐意把商品销往美国。从别国购入商品和服务并不意味着美国国力不强；相反，这表示美国经济强劲，拥有足够的资源与财富来购买别国销售的商品。

我们每个人都会在日常生活中产生贸易逆差。当你在麦当劳点了一份巨无霸时，就对麦当劳产生了贸易逆差。你买了它的产品，却没能卖给它什么东西。没有人会为此坐立不安。麦当劳的确赚到了你的钱，可你也买到了巨无霸。你付出的金钱是有回报的。

《福布斯》杂志与其纸品供应商间也存在贸易逆差。我们买入的纸张数额远超卖给他们的杂志的数量。我们与供应商间的贸易赤字并不代表公司运营不善。它只说明我们需要纸张。

两眼只盯着贸易赤字的行为目光短浅，而且实际上忽略了这样一个事实，即交易并非发生在国家间；而是发生在两国人民与企业间。美国的进出口状况反映的是特定时期人民的需求。例如，2008 年路透社曾报道说，美中贸易逆差中的一大部分来自于 27.4 亿美元的“石油工业用管材”——如输油管线。[35]

为何美国需要如此大量的钢制管线？主要是水力压裂法与石油钻探技术的提升使得页岩气勘探活动增加，从而导致管线需求增加。[36]美国企业与生产商被动员起来满足全国的能源需求。他们从中国购入管线，这样就有更多美国人能够获取急需的能源。这不是一种缺陷，而是一种益处。

一大部分所谓的外贸实际上发生在美国企业内部。许多美国公司的海外商务活动都是以国外分公司的销售额这一形式发生的——在美国公司设在各国的子公司间转移商品与服务。据美国国际贸易委员会的统计，表面上进口造成了美国贸易赤字，但其中超过半数的进口商品都来自美国公司设在国外的分公司。[37]

今天的全球市场中不存在所谓的美国制造或是中国制造。美国国际贸易委员会与哥伦比亚大学联合进行的一项研究估计，外国生产要素（即非中国本土制造）约占中国出口产品的一半。[38]例如，一部中国组装的 iPhone 手机的批发价约为 180 美元。然而作为中国的一项出口商品，其中中国工人的劳动力成本只占了 6.5 美元。手机的零部件是在亚洲及欧洲各国生产的。

在账面上，对美国而言 iPhone 的所有零部件都属进口，每卖出一部手机，美国的贸易赤字就会增加 180 美元左右。[39] 但这是否意味着美国因此遭受了损失？完全没有。想一想，iPhone 的售价是其成本的两倍左右。[40] 因此，苹果公司的收益及其对美国经济的贡献已超过了贸易赤字。

限制苹果公司或任何一家美国公司的国际贸易活动反而会适得其反。就像为了避免可能产生的贸易逆差，而限制福特公司只能从国内供应商手中购买汽车关键部件一样。不论从哪个方面来说，美国都无法因此获利，反会得不偿失，因为人们会认为美国公司生产力不足、创新性不够而且效率不高。

同样，美国与其贸易伙伴间存在贸易逆差也不一定意味着他们正在阻止美国出口。卡托研究所贸易政策研究中心主任丹尼尔·格里斯沃尔德（Daniel Griswold）指出，美国与相对来说奉行贸易保护主义策略的巴西之间存在双边贸易顺差（我们强调的重点）；而与加拿大和墨西哥间则存在贸易逆差。尽管北美自由贸易协定的关系，这两个国家完全开放了其对美国的出口。

有观点说，贸易逆差将美国人民的工作岗位拱手让给了人力成本更为低廉的海外国家。这种说法正确吗？丹尼尔·格里斯沃尔德提醒我们，在经济繁荣的 20 世纪 90 年代，美国的贸易逆差实际增加了三倍。同时，工业生产与制造业产量大幅上升。他写道，我们从中学到的经验是：

> 贸易逆差不会减少工作岗位。事实上，贸易赤字的增加与失业率的下降之间存在关联。它不会拖经济发展的后腿。事实上，较之赤字减少的时期，贸易赤字增加的年份里美国经济的增长更为迅

速。对经济而言，贸易赤字甚至是个好消息，因为它意味着全球投资者对美国充满信心，而国内消费者手中的购买力正在增强。[41]

贸易逆差这一想法是理论家创造出来的，它没有任何意义。

贸易赤字无法测量的东西

公众对贸易赤字普遍存在焦虑，但多数人对它实际上能够衡量的内容只有一个模糊的概念。贸易赤字是商务部发布的国际收支平衡表中的数据。[42] 该组统计数据被归入了“经常账户”（current account）这一类别之下，衡量的是以商品、服务、投资收入，以及像外国援助和汇款之类的单方面转移收支等形式发生的国际贸易。

经常账户只是反映美国国外经济活动的部分指标，只关注这一数字就会产生问题。当一家美国公司设立海外办事处并于当地制造产品时，经常账户无法将其收支状况计算在内。

贸易赤字并未将资本流动——即美国人在国外的投资，或反之外国人在美国的投资考虑在内。分析师马克·钱德勒（Marc Chandler）指出，“资本流动比贸易额数量更大，也更为重要。”他告诉我们，如果无视资本流动，就会错失大好全局：“美国现在比 20 世纪 70 年代末和 80 年代初时更富有、更强大，局势也更好。当时美国开始出现持续的经常账户赤字，并再度成为债务国。”他得出一个结论，“经常账户显示的是跨越国境的商品和服务的价值。其他一概没有体现。”[43]

让我们回想一下亚当·斯密的理论。在贸易中不存在所谓的“逆差”，因为贸易是一种互惠交换。美国不仅仅是从其他国家的公司或个人手中购买商品。就像那些在麦当劳够买巨无霸的顾客一样，它也得到了回报。

有两个收支指标能衡量美国进行海外收购与投资所获得的回报，即资本账户及金融账户。这两个指标在很大程度上遭到忽视，但却能测量流入美国的资本流动。[44]

密歇根大学商业教授、美国企业研究所学者马克·派瑞（Mark Perry）提到，美国外流向进口商的资金、收益付款、国外资产收购及单边转移都能通过来自出口商的现金流、实际收入和资产出售得到抵消。[45] 他解释说，以 2012 年为例：

> 因外国人之前在美国做出了投资，美国商人及政府需支付给其投资收益（如分红和利息等），同时也因美国消费者、商人和政府购买了海外的商品、服务和资产，美国共流出 3.4 万亿美元的现金流。因外国人购买了美国的产品、服务和资产，并且外国企业与政府为美国在海外所有的资产支付了收益付款，流入美国的现金共计 3.4 万亿美元……一旦我们将去年所有的国际交易计算在内，国外流入美国的 3.4 万亿美元与美国支付出去的 3.4 万亿美元正好相等。

卡托研究所的丹尼尔·格里斯沃尔德也持有类似观点。不仅美国的贸易赤字可以通过外国投资盈余得到平衡——国外流入的资金还能“将长期利率保持在较低水平，防止由政府借贷所造成个人投资的挤出效应，并能通过直接对美国工厂和企业投资来促进就业”。[46]

因此，那些流出美国的资金根本没有造成不平衡。它们被用来促进跨国商贸——在那些位于美国国内外都能创造财富的人之间进行交易。购自别国人民之手的商品与服务能使美国获益。反过来，别的国家也能从美元中获利，这将有利于其经济的发展——通过投资美国的企业、股票、债券及不动产，这笔钱又重新回流美国。

谁在真正操纵货币？为何不见成效？

不论意识形态立场如何，鲜有政治家能与贸易和谐相处。奥巴马上任不久就明确表示，自己支持前任总统对不平衡和赤字的理念。有了 130 名国会议员在其背后撑腰，奥巴马要求中国对人民币重新估价，使其货币恢复到“更为市场化的汇率”上。[47]（言下之意：提升人民币价值，这样一来将抬高中国出口商品的成本，提升美国出口商品的竞争力。）当时美国对此已有诸多讨论，认为如果中国不同意这么做，将对中国产品征收关税。但美国政府从未将这一政策贯彻到底。这也许是因为其指控中国政府操纵货币一事只是捕风捉影。

让数字来说话：1995 至 2005 年间，中国对美出口增长了 6 倍，而美元与人民币的汇率却从未发生变化。

那段时期，人民币大部分时候都紧盯美元。[48] 从 2005 年起，人民币开始盯住一篮子货币。[49] 2005 至 2008 年间，人民币对美元升值了 21%。[50] 中国对美出口成本的确有所增加。尽管如此，中国商品的出口额仍在持续上升，因为美国人的确需要他们的商品。[51]

美国政府对操纵货币的激烈指责完全不得要领。贸易最终关乎的是人民的需求，而不是汇率。要说有国家在操纵货币的话，那一定是美国。我们之前提过，步入 21 世纪后，布什政府和奥巴马政府都故意通过削弱美元的方式来刺激出口。（我们注意到，前美联储主席本·伯南克是利用弱势美元促进贸易政策的坚定拥护者。在被奥巴马选中连任美联储主席之前，布什就曾将其提名为主席候选人。）

里根政府曾一直在日元与德国马克的坚挺程度这一问题上，与日本和德国政府纠缠不休。自德怀特·艾森豪威尔（Dwight Eisenhower）起，每届政府都不外如是。约翰·霍普金斯大学的经济学家史蒂夫·汉克（Steve Hanke）在所有的激烈争论中注意到，历史上这些由美国挑起的宿仇几乎都未对解决贸易问题起到多大作用。

例如，美国在数十年前就一直敦促日本将日元升值。20 世纪 70 年代 1 美元能兑换 360 日元，至 2012 年美元兑日元的汇率跌至了 1 美元兑换 80 日元。[52] 然而，美元贬值并未解决任何问题。美国依旧对日存在贸易逆差。坚挺的日元也没能解决亚洲出口商品价格低廉的问题。它唯一的结果就是削弱了日本的力量，为韩国等其他亚洲国家大开方便之门。[53]

因货币操纵而引发的愤慨能成为夺人眼球的新闻标题，不过与其说这是事实，还不如说是一种恐吓。因为由贸易逆差这类虚假问题引发的货币战争对谁都没有好处。如果美国政府真想让中国更公平行事，就该要求其政府减少贸易壁垒。中国政府强制要求美国公司披露商业机密，以换取贸易合作，这又该怎么办？或者中方合伙人从美国公司中实偷窃之行呢？这些才是真正的问题。

奥巴马政府把注意力放在了人民币与美元的汇率上，这完全是在浪费时间。我们已经有了日本与日元的经验了，要求别国调整其币值的做法终将会无果而终。一旦生产商、进口商和出口商从震惊中清醒过来，就会根据实际价值调整商品价格。但最终还是会出现贸易不平衡。与此同时，贸易关系还将受到影响、发展受阻、收入减少——毫无必要地削弱美元必然会带来这种结果。

欧元或是其他货币会取代美元吗？

考虑到美国的货币及财政政策的不确定性，以及同样不确定的世界货币环境，有人提出了这样一个问题：欧元是否会最终成长起来，并取代美元成为全球的主导货币？尽管当下对欧元的争议颇多，但这个问题仍值得我们思考。毕竟，欧元已成为仅次于美元的拥有全球第二大贸易量的储备货币。[54] 在某种程度上，它是作为全球市场上美元的替代品而出现的。与中国提出的用来取代美元的纸黄金不同，欧元记录良好，而且是一种真实货币。为何它就无法取代美元呢？

在回答这个问题之前，我们需要补充一些历史知识。欧元是于 1999 年推出的。其精神之父是加拿大诺贝尔奖获得者、经济学家罗伯特·蒙代尔（Robert Mundell），他认为单一共同的货币将有益于促进欧共体内部的贸易，并能通过增加资本流动促进投资。同时他也认为，如果出现一种可能成为美元竞争对手的主要货币，将会促使美国维持货币稳定与美元健全。

一开始，批评家们并不信任欧元。很多人认为，由于欧洲各国政治传统与文化不尽相同，而无法采用统一货币。在过去几年中，由于希腊、塞浦路斯、意大利和葡萄牙等国家的政府扩张过度、濒临破产边缘，这种误解就更深了。[55] 一些国家不得不接受国际货币基金组织、欧洲央行以及欧盟的救助。人们错误地把这一事件报道为“欧元危机”。但欧元根本不是这场危机的根源。

欧洲的这场骚乱并不是由欧元造成的，相反，像政府过量征税、过度支出，以及令人窒息的监管制度等糟糕的经济政策才是骚乱的根源。你可以想象的出，要是伊利诺伊州和加州发生债务违约会是何种状况。难道要它们脱离美元区，采用一种新的货币吗？主权债务危机不是欧元危机，就像美国最近有些州面临的财政困境并不意味着美元正遭遇危机一样。希腊、塞浦路斯、意大利和葡萄牙之所以会面临财政问题，与经济几乎全面崩溃的威斯康星和新泽西深陷困境的原因是一样的：税收过高，政府官僚机构过于庞大，以及公务员的工资和养老金无以为继。

批评家还说，欧洲无法依赖于单一的货币，因为各国的财政政策不同。他们认为，如果没有一个中央政治权威来强制实施统一，这些不同的政策将会破坏欧元的根基。然而，希腊、葡萄牙、西班牙以及爱尔兰的债务之灾绝不应威胁到欧元的存在，就像伊利诺伊州和加州的挥霍无度不应影响美元的存在一样。

《福布斯》杂志专栏作家路易斯·伍德希尔（Louis Woodhill）写道：“欧元能否长期存在，与欧洲‘财政联盟’是否存在毫无关联，就像该联盟对于公制计量法的存在来说也毫无意义一样。‘欧元’和‘米’一样，是一种计量单位。它是衡量欧元区内市场价值的单位。”

有预言说，为解决自己困境，希腊最终会放弃欧元。也有人说欧元终将崩溃。这些说法可信吗？伍德希尔认为这些看法都“愚蠢至极”。[56] 他说的没错。请记住，要想让货币起作用，人们必须相信它是一种建立在市场经验基础之上的可靠的度量衡。伍德希尔告诉我们，希腊永远不会放弃欧元，因为希腊本国货币的表现将会更糟：

> 仅仅是重新采用德拉克马就将引发银行挤兑，造成希腊所有银行破产。没有人——当然不会有进口供货商——愿意持有德拉克马，因为这种货币注定会贬值。“德拉克马化”的希腊经济将分崩离析。[57]

人们指责欧元的原因与他们对黄金的惧怕是一样的：因为它会使货币贬值变得困难。你觉得希腊或别的国家能通过货币贬值解决其经济问题吗？这会毁掉其国民的财富。

事实上，欧元的所有危机都是央行的危机。要是欧洲央行能将欧元维持在固定的价值，这一体系原本可以正常运作下去。相反，该地区欧共体官员所制定的错误政策使欧元像美元那样，成为又一个价值像坐过山车一般的法定通货。[58]

尽管欧元问题重重，但人们仍对其有着实际需求，所以欧盟大多数国家，除了英国之外，现在都采用了欧元。[59]它在很多方面是成功的。前《华尔街日报》首席编辑乔治·梅隆（George Melloan）提醒我们，欧元使得在欧洲紧密相连的国家间进行的交易容易了许多。[60]他写道，20 年前，如果你想立即去邻国一趟的话：

> 你必须将手上的比利时法郎，兑换成法国法郎、德国马克或是荷兰盾，为此还必须支付给外汇兑换处一笔手续费。汇率不断波动，也就是说交易商为了防止兑换的风险，会将相应的成本转

嫁到消费者头上。创建伊始，欧共体的重点就放在国家间的竞争上，这种竞争会因为没有一种统一的价值标准而受到阻碍。

罗伯特·蒙代尔与其他欧元的支持者们希望，欧元能为后布雷顿森林体系下的不稳定局面提供庇护。他们几乎没有意识到，欧洲有可能会和美国一样，表现得不尽如人意。

为何美元仍将是主导货币——至少眼下是这样

我们的态度比一些欧元反对者们更为乐观。不过对于美元，欧元——或者就这个问题而言，人民币——现下是无法望其项背的。毫无疑问，美元现在名誉扫地，但它仍旧不太可能失去自己在全球市场中的宝座。我们之所以这么说是因为货币自身的本质与意义。历史告诉我们，资本会流向拥有稳定货币的国家。17世纪英格兰银行（央行）的建立刺激了资本市场的发展，并最终导致英国采纳了金本位制。之后，英国成为了金融强国。

美元并非因为布雷顿森林会议或任何一次会议而成为全球贸易货币。它之所以能成为全球中重要的货币，是因为其源自于市场。真正的货币多是如此。因为美国是世界上经济最强的国家，美国的资本市场交易最为兴旺、流通性最强，且最富创新性，全世界的人们都选择使用美元。如果你是一国政府、一家企业或一个主要投资者，你断不会打算使用斐济元、阿根廷比索、巴西雷亚尔或卢布。你可能甚至都不想用人民币。如果使用这些货币，你在大范围内进行投资的机会就会大幅减少。

因为没有更好的替代品，全球商业仍偏爱美元。据估算，现在流通的100美元面值的钞票有三分之二在美国境外。[61] 自银行业危机以来，境外的美元持有量不降反升。2008年以前，56%的美国货币位于境外。金融危机过后，这一比率实际上还在增加，2012年达到了66%。[62]

其他国家的企业在签订合同时多半也以美元计价。

像瑞士、新加坡和香港等经济发展良好（用今天的标准来看）的国家和地区，一般都拥有锚定美元或一篮子货币的稳定货币。

出于一系列原因，中国提出的“人造”储备货币——即便是叫做纸黄金——也不太可能在全球市场上获得成功。请记住我们对于货币的定义：它是生于真实交易之中的工具。纸黄金并不符合这一条件。特别提款权和比特币一样，是人为创造出来的。纸黄金紧盯的一篮子货币，其自身价值都在不断波动。它的价值并非来自真实的市场交易，而是来自官方指令。

有人预言，接下来的十年，中国将成为世界上最大的经济体。这样的话，会出现新的货币秩序吗？也许会，但中国也存在亟待解决的自身问题：政府低效，官员腐败，缺乏能够为小企业提供资金支持的金融市场，法律体系薄弱等。

美国经济依旧是吸引外国投资的磁石，不仅因其经济规模大，而且因其商业环境优越：美国课税合理，同时法治与法院体系能保证合约得以履行、财产权得到保护。在此基础上建立起的商业氛围有利于市场发展。这些在美国被视作是理所当然的，即便在多数发达国家中也未必找得到。美国投资者和企业家无需因反复无常的政府所带来的问题而伤神。

美国债务占GDP的比率已经增加，这值得引起警惕。不过我们已经提过了，其他发达国家，尤其是日本，情况还要糟。

有人担心，联邦政府的巨额支出和大量监管正在毁灭美国的传统优势。这不无道理。无疑，美联储和美国财政部在美元问题上处置不当。然而别国央行也是半斤八两。因此，现下美元不战而胜。

美元稳定就不会出现两难的境地

中国及其他国家都因美国现在失去控制的国债和日益贬值的美元而忧心忡忡，这是不无道理的。然而，问题的根源在于美国及多数国家并未真正重视稳健货币的重要性——以及维持货币稳定之道。

只要美元稳定，我们在前几节提到的末世之景就可避免。尽管现今政府公债堪比天高，也许非常危险，但这并非史无前例。例如，18世纪早期西班牙王位继承战后，英国就曾债台高筑：其债务占到了GDP的260%。在其后的七年战争以及与拿破仑的20年征战中，英国的债务一直居高不下。然而，凭借其稳定的货币和资本市场，19世纪时，英国一跃成为世界上最大的工业强国。这两者都促进了英国的经济活动，为因挥霍无度而国库空虚的政府带来了不断增长的收入流。英国依靠这种方式摆脱了巨额债务的困扰。在一战爆发前的一个世纪里，其债务在GDP中的比例从200%下降到了27%。

货币基础：稳定的工具

此刻的美元也许比历史上的任一时期都要脆弱。但只要回归稳定货币，今天的一切问题都可迎刃而解。即使在回归金本位制之前，美元也曾在货币战争中遭到攻击，它也有可能抵挡住那种击垮泰铢、并使其他亚洲货币陷入危险的攻击。2009 年，俄罗斯成功捍卫卢布时就显示出了这一点。与泰国不同，俄罗斯并未在外汇市场上购入卢布，然后将其释放到国内。俄罗斯在提高利率的同时，缩减了货币基础。

如果美联储继续推行削减大规模的量化宽松政策，那么就不太可能陷入恶性通胀。受人尊敬的斯坦福大学教授罗纳德·麦金农（Ronald McKinnon）提议，可以通过逐步提高短期利率的计划来实施削减政策。[63] 一旦利率高于零，银行就更有动力恢复放贷。借此，美联储就能小心地将货币引回到经济中去——要时刻紧盯大宗商品指标，以防货币释放过多。

当然，如果能在美元与黄金间重建关联，那么问题很快就能得到解决。美国在建国初期就证明了这一点：由于独立战争期间大量印发钞票而引发了疯狂的通胀，战后美国的金融处于无序状态。幸亏亚历山大·汉密尔顿，美国的金融得以改革。除了通过关税及征收税收来提高收入外，政府还采纳了以黄金为基础的货币体系。很快，国际资金从荷兰及其他投资商处流入美国，为其历史性的发展提供了动力。

我们也不该遗忘，二战结束时，美国惊人的负债比率甚至超过了今天：占到 GDP 的 122%。不过与此同时，经济得到了稳定货币的支撑。到 20 世纪 60 年代末，作为 GDP 一部分的负债已经大幅下降，仅占 GDP 的 34%。[64]

只要你能正确对待经济、正确理解货币，背负债务就并非意味着被宣判了死刑。

第四章

货币与财富：为何通胀是坏事

如果印发钞票能创造财富，
那么世间贫穷将不复存在。

> 让我们变得富有的并非金子，而是我们创造出来的东西、我们的知识以及我们的生产力。因此，只要美国能生产出更多更好的产品，世界对其的需求就不会减少。
>
> ——马尔科姆·福布斯

2013年11月，即将从本·伯南克手中接过美联储主席之位的珍妮特·耶伦在参议院就其任职一事而举办的审议听证会上，声明了自己对经济、央行的职责及近期包括被称之为量化宽松这一庞大货币扩张在内的美联储政策的看法。[1]美联储是居于主导地位的央行，其主席一职无需通过选举产生，并可能是世界上权力最大的政府职位。它的一举一动将对美国乃至全世界人民产生重大影响。

媒体直播这场会议时，台下听众的热情并不高，就好像耶伦不过是个中层官僚一般。那一周大家真正关注的焦点是奥巴马推出的灾难性的“平价医疗法案”（俗称“奥巴马医改”）。一连几周，从政府新推出的医保改革到底错在哪里，需要如何进行改进，对此纷争不休。即便是那些一直支持奥巴马的媒体也称其改革无法实现。

然而，对耶伦在听证会上提到的另一项政府的失策之举，却鲜有媒体表现出类似的愤慨之情。其实，此举的影响远超“奥巴马医改”：美联储史无前例的货币刺激政策——量化宽松——并未能重振经济。

如此大规模地注入流动资金，史上最大的货币扩张，却是一场比创办Healthcare.gov（联邦政府下的医疗保险网站）①还要影响深远的灾

---

① Healthcare.gov是“平价医疗法案”的配套网站，自开通运营以来便遭受各种问题的困扰，比如性能、数据问题等。美国医疗和公共服务部门还特意为此公开道谦。

难。五年间推出了三轮量化宽松政策，但收效甚为凄惨，GDP 只微弱增长了不到 2%，增幅只有十年前的一半。[2] 经历了美国历史上的一次主要经济低迷期后，史上最大规模的货币刺激却只能带来最乏力的复苏。

加之美国前些年的零利率，量化宽松注入经济中的这股电流都足够唤醒凯恩斯本人了。自 2008 年末推出量化宽松以来，美联储将其资产负债表从 9 千亿美元扩大到了 2013 年的 3.7 万亿美元。[3] 在耶伦听证会期间，银行准备金已高达 1.24 千亿美元。[4] 过剩准备金——超出政府允许银行外借的储备金部分——已高达惊人的 2 万亿美元，并仍在增加，比正常水平高出许多倍。[5]

问题是，量化宽松政策还涉及了压低利率的策略，这种被称之为扭转操作的策略晦涩难懂。[6] 我们之前提到过，美联储通常会降低——或抬高——短期利率。但在扭转操作下，还会通过购买债券来压低长期利率。真正的"扭转"就表现在，扭转操作非但没能促进就业，反而起到了反效果。它将信贷引向了特定的经济部分——联邦政府、大型企业以及房地产业——并使其远离小企业。但实际上，一般来说，这些小企业才是经济活动中就业机会的创造者。根据金融危机后的立法，美联储还需出资帮助银行维持其过剩储备金。

换句话说，量化宽松对经济复苏不利。就业情况跌入了 20 世纪 30 年代以来的谷底。

然而，因为媒体与政策制定者们面对货币政策这一话题时都感觉不自在，几乎没有人对在"平价医疗法案"的阴影下的量化宽松提出有力质疑，并就其展开辩论。根本没有类似"美联储刺激计划危机"或是"量化宽松推出，悲惨未来将现"这类的新闻标题。

货币过剩并非好事

我们需要食物才能生存。但食物过剩引发的过度肥胖却是不健康的。对货币来说也是如此。商业活动需要货币。但就像食物过剩不利于健康一样，货币供应量过剩对经济来说也不是件好事。

如果扩大货币基础是增加经济活力的法宝，那么津巴布韦就会是世上最富有的国家。1980年刚独立时，津巴布韦元比美元还值钱。[7] 21世纪初的财富再分配改革毁掉了津巴布韦的农业经济，政府开始狂热地印发钞票来应对这场危机。[8] 结果由此引发的恶性通胀程度仅次于二战后匈牙利发生的那次。[9] 2011年，津巴布韦开始发行100万亿元面值的钞票，这种纸币成为了收藏者手中炙手可热的新藏品。[10] 最后，人们不得不放弃津巴布韦元，从头开始。

货币扩张的故事讲述的不是财富创造的创业史，而是财富毁灭的血泪史。历史上的例子不胜枚举：从18世纪法国密西西比泡沫的破灭（本章稍后将会讨论），到美国独立战争前殖民地疯狂的通胀；从20世纪20年代初及二战后德国的恶性通胀，再到20世纪70年代美国的滞涨。过去十年间，毫无节制的货币扩张动摇了像委内瑞拉和阿根廷这样的国家。在美国，它引发了房地产市场的崩盘、2008年的金融危机及随后的全球滞涨。

凯恩斯主义者和货币主义者站到了历史的对立面。增加货币供应量并不能带来繁荣，因为这并非财富的创造之道。财富与发展来自创新。例如，亨利·福特开始大批量生产汽车后，在从快餐到汽修，甚至到建筑等许多全新领域内创造了无数工作岗位，从而使社会发生了转型。（私家车越来越多使郊区的发展成为可能。）

在过去几十年中，个人电脑的出现也同样带来了无数工作机会。20年前，根本没有与“社交媒体”或是设计网站相关的工作，零售店里也没有销售iPad这类产品的岗位。

然而，凯恩斯主义者却深信，货币扩张能刺激经济活动并促进就业，而且也许会出现急剧增长。但期间大部分时间，就像21世纪初由美元贬值所带来的购置房产与抵押贷款的热潮一样，都是人为造成的。所以就像房地产市场一样，繁荣之后终会崩盘。

流动性过剩也会因为扭曲信贷市场、阻碍资本创造而拖慢经济发展。扩大货币供应量将会促进资源的不当配置。

一旦政府破坏了货币价值，就没有人再相信价格了。人们会做出不明智的决定。就像迷途的背包客得到了一张标识错误的地图或是损坏的GPS一样，经济可能最后只会在原地打转。经济发展会像中世纪的西班牙或20世纪70年代的美国那样，止步不前，亦或是像德国魏玛时期和津巴布韦那般一泻千里。

为何没有更多的通胀？

凯恩斯主义者和货币主义者大多毫不担心现在由量化宽松和美元贬值带来的通胀。经济学家保罗·克鲁格曼（Paul Krugman）用他一贯的否定口吻指责稳定货币的支持者们患有“通胀癔症”。[11] 珍妮特·耶伦在其于参议院听证会上的发言中，避免使用官话，坚称“在现阶段，我尚未发现”美联储现行政策“有危害金融稳定的风险”。[12] 诚然，尽管量化宽松政策向美国经济注入了大量资金，但美国尚未出现生活成本全面严重的上涨。根据 CPI 指数，2013 年的通胀增幅低至 1.1%。[13]

但 CPI 无法反映出人们一直在经历的价格攀升。肉价已到了十年来的最高值。[14] 天然气价格已从峰值回落，但每加仑天然气的价格仍是不到十年前的两倍。[15] 消费者发现其他领域的物价也有上涨。金融分析师迈克尔 · 西维（Michael Sivy）在《时代》杂志上写道，自己惊讶地发现，在不到一年的时间里，打印机墨盒的价格上涨了 25%。[16]

他与其他人都相信，物价上涨的速度远比政府统计数字显示的要快。为了能使 CPI 低估通胀率，政府更改了其计算方式。CPI 度量的变化如此频繁，以至于投资者兼金融评论家彼得 · 希夫（Peter Schiff）说，那些测量方法与几十年前的“几乎毫无相似处”。

希夫创建了一个日常生活必需品的市场篮子——如鸡蛋、牛奶、汽油和面包等，并将其价格的变动与同期的 CPI 统计数值进行比较。根据 CPI 的报告，2002 至 2012 年间的通胀增长率为 27.5%。而希夫市场篮子中商品价格的上涨幅度则超过了 44%。[17]

如果用老标准来计算的话，今天的通胀率会是多少呢？经济学家、美国商业分析研究中心创始人约翰 · 威廉斯（John Williams）在自己的网站 ShadowStats.com 上利用 20 世纪七八十年代的计算方式绘制了一幅图表。他计算出的年通胀率在 5% 至 10% 之间。[18]

我们之前提到过，价格会因各种原因——从供求关系的变化到生产力的提高等——发生波动。近期的价格上涨在多大程度上与美元贬值有关？寻找答案的最佳之处就是金价。黄金是美元价值最纯净的指标，因为每年对其的供求不会发生巨大的变化。黄金价格不像农产品那样容易受到气候变化的影响，也不如石油和天然气一般易受供求突然增长而波动。

我们知道，金价在过去几年中飙升到了令人咋舌的高度。现在价格虽略有回落，但 2014 年初的金价仍是 2003 年的三倍[19]；想要买到同样重量的黄金，现在要比十年前多花 200% 的美元。换句话说，与以前相比，我们的货币价值缩水了不少。

大宗商品价格也大幅上涨。汤森路透的连续商品指数计算了包括能源、谷物、肉类以及贵金属在内的六大类商品的价格。从 2008 年 12 月至 2013 年 11 月，该指数从 370 左右上升至 506，几乎增加了 37%。[20]

投资顾问理查德 · 芬格（Richard Finger）在福布斯网站上说出了大家心底共同关心的有关通胀走向的问题，“没有人知道如此大规模印发钞票的行为何时才能终止。德国曾在 20 世纪 20 年代早期一战结束后，尝试过‘异常地’印发钞票的策略，最终造成了恶性通胀，德国经济分崩离析以及希特勒的崛起。”[21]

如果美联储继续往已接近恶性通胀水平的银行储备上再堆钞票，将会出现什么状况？答案无人知晓，因为从未有人尝试过。预测一场灾难性的通胀的后果也许无异于将上一场世界大战重头再打一遍——这是紧密基于过去事件所做出的分析。事实上，也许会发生一些不同的情况：美国史无前例地跌入经济停滞的腐蚀环境。我们所患的不是致命性肺炎，而也许是将耗尽美国传统活力的慢性疾病。两种预测都极具破坏力，也都能凸显出对于稳定美元的需求。

适度通胀的危险

现下，美联储正在逐步缩减其每月购入的债券数量，并暗示未来将会提高利率。不过按照历史标准，货币基础依然十分庞大。包括国际货币基金组织官员、各央行行长，以及各国财政部长在内的凯恩斯主义者们近来一直在鼓吹“适度通胀”。在一篇名为《美联储内外人士多认为通胀有利发展》的文章让人大开眼界，其作者本雅明·阿佩尔鲍姆（Binyamin Appelbaum）在《纽约时报》上暗示，2013 年秋，美联储将在珍妮特·耶伦的带领下扩大货币基础以刺激物价上涨。据《纽约时报》报道，耶伦相信：

> 经济疲软时，适度通胀尤为可贵。[22] 物价上涨将有助于企业提高利润；而工资上涨则能帮助借贷者偿还债务。通胀还能鼓励个人及企业以更快的速度贷款、消费。

该报道援引了一位哈佛经济学家的话，他提议扩大货币基础以实现 6% 左右的通胀率。他语出惊人：“适度稳定的通胀根本无需担心。[23] 我们应该欢迎它。”

量化宽松的支持者们在严重通胀与适度通胀之间划了一条分界线，认为前者不可能发生，而后者则是件好事。那些认为存在无害通胀的想法都是荼毒人心谬论。21 世纪初的房地产泡沫引发了 2008 年的股市恐慌，而这场泡沫正是由于量化宽松政策推出前，发生在 21 世纪前五年的美元贬值所造成的。

不论是 2% 还是 12% 的通胀，它都会从根本上使市场行为失真，因为它损害了价格体系所提供的关键信号。人们看到价格蹿升就会误以为需求有所增加，从而大量买入。要不然，当他们感受到威胁时，就会试图为自己的财富寻求庇护之所。不论是哪种情况，事情都会很快失控。

著名历史学家阿米蒂·什莱斯（Amity Shlaes）说，“通胀的问题就在于我们不晓得它是从哪里冒出来的，却还是被它伤到了。”[24] 她以1972年为例，当时“一切似乎都很平静……突然通胀率在1974年一跃至11%，并在20世纪70年代后半期一直居高不下。”两次世界大战后，通胀也是像这样几乎在一夜之间蹿高。

德国叫停了金本位制，并于一战前的1914年开动了印钞机。然而，真正的恶性通胀直到六年后才开始出现。一开始的通胀是适度的。美元和黄金兑换德国马克的价位在1920至1921年间大幅上升。什莱斯告诉我们，“许多金融分析师都认为魏玛政府印发的钞票还不够。”[25] 当时《纽约时报》的一则新闻标题写道：“德国市场银根紧缩：导致年终时货币非正常迅速贬值”。事实上，什莱斯写道：

> 德国人并不知道自己已经把马克变成了一堆废纸[26]；第二年就会出现恶性通胀，彼时的月通胀率已突破50%的大关。通胀率上升极为迅速，以至于物价每小时都在变化。可即便是这样，德国政府还是没有发现通胀的存在。他们认为这是由市场对货币需求的增长而引起的。

可是，物价飞涨并没有停下来。最后德国人信心不再。马克全面崩溃。什莱斯警告说，“幻灭就像一场风，一扫而过。”[27]

菲利普斯曲线的可笑之处

政策制定者们之所以要坚持催动通胀是因为他们固执地相信菲利普斯曲线，虽然这种声称物价上涨是完全就业的制胜法宝的理论未经证实、并不科学。

20 世纪 50 年代，新西兰经济学家威廉·菲利普斯（William Phillips）通过一张后来被称为菲利普斯曲线的图表提出了自己的想法。[28] 这张图展示了通胀与失业之间所谓的关联。根据菲利普斯及其凯恩斯主义同伴们的说法，强劲的发展对应物价的上涨，而低通胀率则与高失业率相关联。换句话说，在通胀与就业之间存在一种权衡。他们的结论是稳定货币对经济不利。

这种荒谬理论的支持者坚称，提高或降低通胀与调整恒温器的温度无异。就像是你会用温度控制器来调高或降低起居室的室温一样，他们相信，放松或加紧货币供应量能促进或遏制就业。

诺贝尔奖七次颁给了努力证明菲利普斯曲线不正确的经济学家们：哈耶克、米尔顿·弗里德曼、罗伯特·卢卡斯（Robert Lucas）、罗伯特·蒙代尔、芬恩·基德兰德（Finn Kydland）、爱德华·普雷斯科特（Edward Prescott）、埃德蒙·费尔普斯（Edmund Phelps）、托马斯·萨金特（Thomas Sargent）以及克里斯托弗·西姆斯（Christopher Sims）。[29] 尽管美联储 4 万亿美元的资产负债表扩张使就业率降至近 35 年的低点，信奉凯恩斯主义的决策者与专家们却仍紧抓着这一理论不放。[30]

经济史学家布赖恩·多米卓维克（Brian Domitrovic）在福布斯网站上指出，“通胀与失业通常都是步调一致的。”[31] 他们并不会按照凯恩斯主义者试图让我们相信的轨道前进。在 20 世纪 70 年代及 80 年代初通胀的盛衰期里，其失业率比金融危机期间还要高。[32] 与之形成鲜明对比的是20世纪80年代。用多米卓维克的话来说，在罗纳德·里根削减税收、稳住美元之后，“通胀与失业双双跌入谷底”。[33]

在美元稳定或相对稳定的时期，美国曾出现过“完全就业”——失业率低于 5%。两个具有戏剧性的例子是 20 世纪 20 年代与 60 年代的大部分时间。[34]

货币贬值并非是创造真正、可持续就业的方式。经济健康发展时，企业家能够创办星巴克、史泰博这般在市场上获得成功的企业。它们能赚取可用来扩张企业、雇佣更多员工的资本。此时就业才会增加。

经济通胀时期则完全不是这般景象。期间或能创造出一些工作岗位——20 世纪 20 年代，德国在恶性通胀时期的失业率就比较低，然而这种活力的闪现只是虚假市场信号的结果，是由于误用了政府通过扭曲货币而获取的资源所引发的。这终究是人为的，不能持久。最后虽能创造出极小的一部分财富，但迟早更多的财富会惨遭湮灭。

前国会议员罗恩·保罗（Ron Paul）总结说，“如果政府或央行简简单单地通过印发钞票就能创造财富，那为什么贫穷还会遍布世界各个角落？”[35]

经济刺激亦或是重新分配？

阿佩尔鲍姆刊登在《纽约时报》上的那篇大谈通胀好处的文章则描绘了另外一番景象。该报道称众多小市民和美国企业界人士其实都很欢迎通胀。[36] 他暗示，事实上对于通胀，他们都已经迫不及待了：

> 例如，阿拉斯加安克雷奇的校董事会正指着靠通胀来扼制飞涨的教师工资。好市多和沃尔玛这样的零售商也希望通过提高通胀来提升自己的利润。而联邦政府则期待利用通胀来减轻债务负担。

至少在经济活动增多的通胀初期，的确有人能从中获益。但正如我们所指出的，真正新创造出的财富少之又少。它不过是从一群人手中转移到另一群人手中罢了。

著名经济史学家穆瑞·罗斯巴德（Murray Rothbard）指出，通胀偏爱“最先来的人”，那些最早接受增发货币的人。[37] 这些人中不仅有沃尔玛和好市多这类《纽约时报》中单独列出的零售商，还有因人们消费政府新增发的货币而受益的无数其他人。而输家则是那些“来晚的人”，他们接受通胀货币的速度要慢一些。他们多半是退休或领薪水的固定收入人群。

福布斯网站撰稿人理查德·芬格直截了当地指出，美联储推出的低利率及宽松的货币政策“惩罚的是数百万善良可靠的储户[38]……他们再也不能指望零风险回报的退休保障了”。

佛罗里达的退休人员比尔·塔伦（Bill Taren）发现自己存在信用合作社退休金账户的存款年利率只有0.4%。与此同时，2012年的平均通胀率则达到了2.8%。他被自己不断缩水的储蓄吓了一跳，于是他和妻子决定将这笔钱藏到床底下。他解释说，至少“我们还能看得见现钱”。[39]

债务人笑，债权人哭

17 世纪的哲学家约翰 · 洛克是最先发现通胀对债务人有益的学者之一。他们能用贬值的货币来偿还债务，而呆板的债权人收回的钱却不如之前值钱了。他说：

> 当有人被骗走了自己的应得之物时，不论债权人是否逼迫接受比合同值少的货币，或是债务人被迫支付比合同值多的财富，由此造成的损失和伤害是一样的。在遭受损失的人并未犯错，并且对公众没有丝毫好处的情况下，武断地将一人的权利或财产转移到他人手中，是不是公共正义的失败。这些问题留给大家自行思考。[40]

当然，政府是最大的债务方。通过稀释你手中货币的价值，它可支配的——或用以偿债——货币就会增多。凯恩斯有句话广为人知。他认为通胀是一种隐形税，通过它，“政府能在不为人知的情况下偷偷没收公民财富的一大部分。”

美国也能将贬值的美元支付给中国等购买了美国国债的债券持有人。这在量化宽松政策下尤是如此。幸亏扭转操作将利率降到了历史最低点，美国因此省下了数千亿美元。这笔钱本来是要支付给债券持有人的。

理查德 · 芬格计算过，如果按照正常的历史利率，而非美联储现行的最低利率水平来支付其 17 万亿美元的国债，美国政府就要再支出 5 千亿美元的利息。[41]

换句话说，量化宽松带来的低利率意味着美国政府获得了 5 千亿美元的意外收入——这笔钱使政治家们继续挥霍变得更容易。例如，5千亿美元基本上够支付所有医保参保人员的疾病补助金。[42] 2012年的补助金额是5360亿美元。而且只消这笔钱的一部分就够扩大食品券计划了，该计划每年大约只需800亿美元。[43]

狂热、泡沫与失真

货币贬值也会带来貌似能创造财富的经济活动。然而，就像我们之前提到过的，只有满足了市场的真实需求——创造出像iPad或平板电视那种能增加生产力、提高生活水平的新技术——才可能创造出真正的财富。另一方面，由旨在刺激经济的货币政策带来的经济活动只是对虚假价格信号的回应，并多半会受到误导。

例如，在20世纪70年的通胀期，过高的价格助长了人们的误解，即发达国家能源匮乏。石油价格从每加仑3美元涨到了接近40美元。[44] 资本涌向产油行业。能源行业的从业人员激增。过去十年出现了同样的状况。自2008年起，石油、天燃气行业的从业人数增加了30%以上。[45] 新能源探索激增、水力压裂技术发展，这些只是部分原因。通胀造成的从众心理或泡沫心态也是背后的推手之一。

世间存在两种不同形式的泡沫。第一种是当自由经济中出现了颇有前途的技术，人们一拥而上时自然而然会出现的。就像20世纪80年代早期个人电脑的繁荣或20世纪早期汽车制造业的兴旺一样（或者，对那些还对20世纪50年代存有印象的人来说，呼啦圈热潮也是一例）。在行业饱和之前，人们会纷纷涌入前景一片光明的行业，期间当然会有人失意。但他们可以借此为日后的成功打下基础。苹果公司最初推出的牛顿掌上电脑就是失败的，但这款产品为后来的智能手机和其他移动设备铺平了道路。《福布斯》杂志出版商里奇·卡尔高（Rich Karlgaard）就称这些企业是“高贵的失败”。[46]

第二种泡沫在人们对通胀期的价格信号做出回应时就会出现。货币倾向于流入保护性的投资领域，而非能创造工作岗位的创业型企业。买入一块金条怎么可能会促进生产或推进经济发展呢?

20世纪20年代德国恶性通胀时期，惊慌失措的德国公民把钱换成了钻石、艺术品、房产等任何他们买得到的硬资产。亚当·福格森（Adam Fergusson）在其记述那一时期的经典编年史《当货币死亡》（*When Money Dies*）中提到，有的家庭就算不会弹钢琴，也会花钱去买。[47]购买这一行为本身就是一种投机。人们抢着把钱换成有价值的物品，因为他们不知道第二天手上的钱还能买到什么。

通胀还会以另一种方式误导货币——例如，将其引向避税项目等非生产性投资。这是20世纪70年代，当通胀将人们不断逼入更高一级的纳税等级时，人们生活方式发生改变。为了避免“税级攀升”，从种植杜鹃花和扁桃树，到饲养水貂，再到经营鳟鱼农场，纳税人的投资项目遍布天上地下。这些纯粹是为了避税而开展的经济活动扭曲了市场。又如，影视作品数量激增，空荡荡的办公室也是一样。避税狂潮同样加速了20世纪80年代储蓄和贷款的崩溃。[48]

1986年罗纳德·里根的税收改革根绝了大部分的避税项目。它们在随后低赋税、低通胀的时期中毫无用武之地。我们只是给出一个警告：如果美联储打算引发一场微小的通胀的话，也许水貂养殖场和其他避税项目很快会死灰复燃。

次贷危机：21 世纪的密西西比泡沫

尽管政治家和媒体广泛指责 2008 年次贷危机的掠夺性贷款行为，这场引发了全球金融危机的灾难仍是美国在 21 世纪对其 18 世纪的那次通胀危机做出的现代回应。18 世纪那场被称作密西西比泡沫的危机是由苏格兰数学家约翰 · 劳（John Law）所策划的宽松货币政策造成的。

劳为人极为有趣，并著有一本名为《论货币与贸易：兼向国家提出货币供应之道》（*Money and Trade Considered: A Proposal for Supplying the Nation with Money*）的小册子。书中提出了凯恩斯式的观点，认为增加货币供应量能刺激贸易、促进就业、提高生产。因在决斗中刺死了情敌，劳在监狱中待了一段时间，随后逃到法国。他动用自己在贵族间的人脉，设法使法国政府相信，自己提出的扩张计划能解决路易十四遗留下来的沉重债务问题。劳被任命为法国财务总管，手握重权，并获得了实施宽松货币政策的机会。

劳将法国众多贸易公司合并成了一个名为密西西比公司的庞大垄断企业。这家公私合营的企业拥有美国中部的广袤地域，并在整个欧洲范围内向投资者兜售股票。继而引发了一股在新大陆购置房产的热潮。劳还创办了一家虚拟央行，向法国经济注入大量流动性。法国货币供应总量剧增。投资者不可避免地对劳炒作过度的新大陆计划失去了信心。加之通胀严重，密西西比泡沫最终破灭，全欧洲无数债权人受到重创，法国几近破产。劳被迫逃出法国。

2008 年的次贷危机与密西西比泡沫有很多相似之处。与约翰 · 劳带来法国的灾难类似，这场危机也是由美联储这家央行为资助大型政府企业而导致的流动性过剩所引发的。这次，元凶变成了房利美和房地美。[49]这两家最初由美国政府创办的抵押贷款公司后来同政府脱了干系。

为了应对20世纪90年代克林顿政府强化的经济适用房所带来的政治压力，房利美和房地美开始通过抵押权证券化——购入并打包抵押权，并将其作为按揭债券销售给投资者。这样一来，就可以分摊风险——来降低房贷难度。

随着住房保障政策的推进不断加快，房利美和房地美开始打包出售的次贷抵押权风险日益增高。21世纪初，布什政府推出的宽松货币政策更是火上浇油。在“911”事件后，美联储将联邦基金的利率降至1%，并要求银行放松贷款标准，以此作为刺激经济系列措施中的第一步。[50]

2000至2003年间，货币基础扩张的速度赶上了20世纪70年代的通胀期。[51]金价上扬。次贷市场扩大了一倍。[52]

通胀的羊群效应①控制了买方和卖方。购买者在买房前再也不会按惯例要求房东便宜20%了。“声明所得贷款”（stated income loan）开始普及。这种贷款也被称为“无收入证明贷款”或“骗子贷款”，因为贷款者可以随口胡诌自己的收入，而银行基本不会核实其真实性。难怪人人都按捺不住跃跃欲试了。佛罗里达州圣彼得堡市的一个流浪汉买进了五幢房子。[53]投机者冲进房地产市场。美元贬值造成价格信息扭曲，致使人们相信，房价和住房需求只升不降。要是那个流浪汉违约了怎么办？没什么大不了的。他名下的房产比抵押贷款更值钱。

---

① 经济学中的羊群效应是指市场上存在那些没有形成自己预期或没有获得一手信息的投资者，他们将根据其他投资者的行为来改变自己的行为。

当美联储开始提高利率时（2006 年 6 月利率提高到了 5.25%），房产泡沫开始破灭。[54] 成千上万起丧失抵押品赎回权的事件震动了主要金融机构。他们是债务的持有人。由此引发的一系列事件导致众多华尔街企业和商业银行破产或被强制拍卖。

最近重建的会计条例中的“调至市价”更是雪上加霜，因为它要求银行写明自己的资金状况。[55] 此举实在毫无必要。“调至市价”加重了持有次级房贷的银行所面临的困境，引起了部分卖空者的注意。这些人将银行股推入万劫不复之地。（2009 年 3 月“调至市价”规则做出大幅修改，迅速终结了熊市。）

2008 秋的金融恐慌几乎摧毁了美国的金融体系，并将全球经济推入了大萧条后最严重的经济危机之中。美国企业研究所的亚历克斯·波拉克（Alex Pollack）指出，被毁掉的大多是通胀期间创造的虚假财富。“许多……财富，”他解释说，“不过是幻象——房地产泡沫带来的幻象。”房价的崩溃使虚高的价格跌回了现实。[56] 他总结说，“所以，事实上，财富并未消失：因它从未真实存在过。”

约翰·劳夹着尾巴逃离了法国。可推行了宽松货币政策、导致房产泡沫的美联储主席艾伦·格林斯潘和本·伯南克却靠撰写回忆录和巡回演讲获利颇丰。而且位于这场灾难中心的美联储最后获得了在美国历史上空前绝后的新权力。

货币扩张与收入不均

2008 年金融恐慌后，一股相互指责的风潮席卷全国。在占领华尔街运动中，街头示威者连续数月在纽约及全国范围内谴责危机造成的痛苦，抨击金融业掠走的利益高得不成比例。示威者反对自由企业。殊不知，美联储才是罪魁祸首。

一系列研究证实了通胀能够加重收入不均。[57] 极少有人意识到这一事实。西北大学的一位研究人员在利用基尼系数等收入不均指数测量后发现，货币供应量扩张与收入不均之间存在关联。

美元贬值伤害了那些领固定薪水的人，而货币扩张则将大笔横财引向某些特定行业。例如，美联储开始购债后，首当其冲收益的就是金融业。2012 年 9 月，本·伯南克宣布未来三年内，美联储每月将购入 400 亿美元左右的按揭债券时，华尔街欣喜若狂。[58] 收市时股指冲到了 2007 年以来的最高值。

并不是所有人都热衷于此。美元，这一令投资者战战兢兢的晴雨表，深受打击。金价跃至每盎司 1772 美元，而美元对其他货币的比价下跌。

理智基金会经济研究所主任安东尼·兰达佐（Anthony Randazzo）这样说道，“量化宽松政策使政府能以更低廉的利息取得借款。[59] 它能人为地撑起房地产市场（使其需要花费更长时间才能恢复），并显著操纵了金融市场中的资本分配。经济因此无法踏上复苏之路。”

政府的意外之财

美元贬值所引发的后果中，还有一项在很大程度上未引起重视，即大量财富转移到了那些通常制造商品，并对美国怀有敌意的国家。

请记住，一旦货币贬值，人们就会投资大宗商品和硬资产。能源独立的支持者们要是知道，因为美元贬值，中东、委内瑞拉和俄罗斯等产油国从美国身上赚走了上千亿美元的话，一定会气得七窍生烟。[60]

如此巨大的财富转移并非是由美国对外国石油的使用量日益增加所造成的。事实上，因为水力压裂法开启了美国国内新能源的大门，石油的消耗量正在下降。[61]而因为美元贬值，越来越多的财富持续流向产油国，这笔钱原本可以用来投资创造工作岗位、研究医疗技术和疾病疗法。

1947 至 1967 年布雷顿森林体系结束前，以美元计算，每桶石油价格的年增长率不到 2%。而在理查德 · 尼克松放开美元任其自由浮动之后，产油国开始大幅提高油价。1974 年 1 月 1 日，石油国输出国组织（OPEC）将每桶的油价从 4.31 美元上涨至 10.11 美元。[62]

《福布斯》杂志撰稿人拉尔夫 · 本柯和查尔斯 · 卡德莱茨（Charles Kadlec）在 2011 年曾计算过，如果美国不曾终结布雷顿森林体系的话：

> 今天，每桶油价将低于 2.8 美元，汽油的价格也许会在每加仑 30 美分左右。[63]过去 45 年间油价的上涨并不是石油输出国组织造成的，而是美元贬值造成的。

他们引用了凯恩斯的话："货币贬值将大笔意外之财送到某些人手中。这笔钱远比他们应得的要多，甚至超出了他们的预期和欲求。这些'奸商'成了中产阶级憎恨的对象。通胀对资产阶级和无产阶级一视同仁，卷走了所有人的财产。"[64]

人为调低利率造成的真正影响

宽松货币政策无法刺激经济发展，原因不止上述一个。政府与大型企业也许能借到更多的资金，但对小企业来说却是难上加难，因为这样一来，信贷最终都要依靠配给。可这些小企业才是最主要的就业保障。[65]

金融危机高潮过后的五年多时间里，美国一直面临着信贷枯竭，而美联储的货币政策则是造成这种现象的一个重要原因。私募股权公司 Patriarch Partners 的首席执行官琳恩·蒂尔顿（Lynn Tilton）曾在 2013 年向《华尔街日报》抱怨说，“我们没有足够的启动资金”的原因是“现在融资不多”。[66]

国会议员凯茜·麦克莫里斯·罗杰斯（Cathy McMorris Rodgers）及其他人都认为，银行放贷在很长一段时间内不温不火的原因就是美联储的零利率政策。[67] 她承认，“这违反直觉”但“却有着奇怪的逻辑”：

> 私营企业深陷不确定性的漩涡……银行提供给企业的信贷减少，却增购了国债。银行从美联储获得低成本资金，然而再以高利率反借给政府。这一过程带来的利润微薄，但只要规模足够大，获利就能变得颇为可观。

量化宽松政策中的逆转操作策略通过购入长期国债及按揭证券来压低长期利率。此举也促使了信贷分配不公。历史上首次出现了长、短期利率均接近于零的情况。

知名经济学家大卫·马尔普斯、斯坦福大学经济学家约翰·泰勒

（John Taylor）以及越来越多的人都观察到了一种令人烦心的现象，即美联储的这些购买行为严重扭曲了信贷市场。[68]量化宽松政策侧重购买长期债券，这意味着能获得廉价信贷的主要是大型公司。同样受益的还有所谓受政府资助的抵押贷款企业房利美和房贷美。它们是按揭证券的发起人。我们在之前提到过，联邦政府也能因低息而受益，因为它几乎没付出任何代价就扩大了债务规模。

同时，商业银行得到了美联储带来的过剩储备金，并依靠这些存款赚取利息。债券承购人和经纪人也是既得利益者。除了主要依赖信贷的小企业和普通市民外（这些个人储户和投资者收到了史上最低的利息），几乎所有人都赚到了。

这一过程带来的信贷配给阻碍了新资本的形成，这些资本原可以在未来资助苹果和谷歌的发展。股市的起落也许会极为剧烈，在货币不稳定时期，投资者的回报终将减少。经济活动依旧活跃，但在数量上决无法与稳定货币时期相比。

与此同时，平均净资产却在减少

宽松货币人为地制造了意外之财，带来了繁荣的表象。毕竟，人们不是都变得更为富有了吗？也许很多人看起来的确更有钱了，但整个社会却越来越穷。美元不断贬值，赚回家的钱的购买力不断下降。这减少了个人及企业资产的价值。与1971年相比，今天美元的购买力下降了20%。2014年1美元的价值只相当于1971年的17美分。[69]

皮尤研究中心的研究结果证实了，美元购买力的确下降：户主年龄35岁及以下的家庭所持有的家庭净值从1984年的11521美元猛降至2009年的3662美元——财富缩水了68%。[70]这一数字令人惊讶不已。

幸好有了科技的进步，我们今天的生活水平已经提高，20世纪60年代末70年代初的中产阶级家庭只靠一份工资便能生活。他们能买得起的东西对现在夫妻二人都必须外出挣钱养家的中产阶级来说，却是可望而不可及的。卡德莱茨和本柯指出：

> 美元与黄金一样值钱时，工薪阶层——而不仅是富人——获得了成功。[71] 1950至1968年间，男性的真实平均收入稳步增长，从19989美元上涨到32310美元（以2009年美元的价值计算）。也就是说年增长率达到了2.7%。但自1968年起，实际收入就出现了扁平化趋势。尽管听起来似乎有些难以置信，但美元贬值几乎抹平了41年间积累起来的所有名义工资的增长。扣除物价因素，2009年的平均收入只有32184美元，与1968年相比几乎没有多大变化。

造成这种结果的原因不止美元贬值这一点。过去四十年间，美国各州政府与联邦政府都在逐步增加课税。联邦政府的工资税猛涨。一对夫妻两个人的工资加在一起反而要按更高的税收等级来纳税。联邦政府与州政府同时推动了财产税、营业税的征收。一些州自20世纪60年代起即开始征收所得税。据统计，美国加在国民身上的税种超过了50种。难怪现在两个人的收入才与40年前一个人的工资差不多。

“宽松货币政策瘾症”：警世恒言

提到货币疲软的危害，稳定货币的支持者们通常都会将其与癖嗜相类比。由于人为制造的流动性使政府借贷、支出成为可能，政治家们很容易就会依赖它。然而与所有癖嗜一样，这必然会带来一定后果，最终总要付出代价。货币扩张很难阻止。政治家们不愿面对强行压制通货带来的政治成本，尤其在通胀带来的虚假繁荣走到尽头时。

20 世纪 80 年代早期，为了终结通胀，保罗 · 沃尔克领导下的美联储迅速将利率提高到了极为严苛的水平。德州以石油为基础的经济进入了衰弱期。为了生存，大型石油公司不得不进行并购；无数盲目钻井者纷纷破产。美国其他依靠农业发展的地方也经历了类似的剧变。对里根政府深感愤怒的爱荷华州倒向民主党。

治愈通胀的这剂良药也许苦口，但别的疗法会导致长期乏力与衰弱。一个多世纪前，阿根廷是世界上第八大经济体，它与美国一样，是一个充满活力的新兴国家。但 20 世纪的阿根廷政府诉诸疯狂的增发货币行为来资助其福利国家政策。最近几十年中，阿根廷经历了一连串由恶性通胀带来的货币危机。其恶性通胀率甚至曾高达 5000%。[72] 不过很难了解到现在阿根廷确切的通胀率，因为人们早就开始怀疑克里斯蒂娜 · 费尔南德斯 · 基什内尔（Cristina Fernandez de Kirchner）领导下的阿根廷政府虚报了统计数值。其实政府曾尝试过宣布（但失败了），任何非政府工作人员若是发布与官方统计数据相抵触的通胀数据，就是触犯了法律。坊间流传的年通胀率是 25%，是官方数据的两倍多。[73]

阿根廷的货币贬值与公然的欺骗行为几乎毁掉了公众对阿根廷比

索的信心。现下，人们其实在街头黑市上将比索兑换成美元。比索的实际价值比官方公布牌价要低35%至50%。[74]然而，基什内尔政府却拒绝停止这种将货币变成废纸的举措，因为这将被迫终结疯狂的支出行为。阿根廷的“解决之道”是在绝望中实施货币管制，以阻止硬通货流出国境。

没有可靠的货币，就不可能在阿根廷进行有意义的投资。货币贬值也意味着出口带来的收益减少，经济发展速度减缓。2013年秋，阿根廷经济发展失速，濒临又一轮重大危机的边缘。

社会主义国家委内瑞拉的状况与之相似。自20世纪80年代初以来，委内瑞拉已经历了10次严重的货币贬值。总统乌戈·查韦斯（Hugo Chavez）已经故去，但其执政期间，博利瓦贬值了992%。[75]这仿如一片汪洋的低价货币只能满足贪婪政府的短期需求。最终，永远无法满足它的欲望。

几十年来的货币贬值使委内瑞拉经济千疮百孔，人民群众一贫如洗。委内瑞拉的天然气价格全球最低，一加仑仅需12美分。可国民却基本上买不起汽车或其他商品。2013年《金融时报》做出了如下报道：

> 货币严重失调[76]……一个麦当劳汉堡售价12美元，两磅鸡肉13美元，一辆大众高尔夫需45000美元。想买到一辆汽车——即便是以如此高的价格——也不容易。许多主要生活用品短缺：大米、食用油、面粉、牛奶、药品以及厕纸——还有汽车。就算手里有钱，想买车也要排队等上很久。

巴西与其他一些南美国家一道，在 1999 年试图通过“通胀目标制”来摆脱低价货币，维持货币稳定。此举使巴西强化了本国货币，并于 2010 年实现了 7.5% 的增长率。[77] 然而政府无力阻止支出，加之美元走强，导致巴西雷亚尔与经济一道遭到削弱。2012 年增长减缓至 1%。

低价货币迟早都会导致经济发展停滞，这不是南美国家的专属特权。因遭受“资源诅咒”而充斥着过剩流动性的国家都出现了相同问题。因自然资源过于充沛而造成的宽松货币最终会转变成经济发展乏力。

例如，沙特阿拉伯是一个巨大的福利国家。其失业率接近 11%。私营企业中 90% 的雇员都是外派人员。这一情况极为糟糕，以至于沙特政府现在对那些聘用外国雇员过多的公司处以了罚款。[78] 那些财富来得太过容易的国家都有一个共性，即其国民对那些他们认为工资不高或不合意的工作都提不起什么兴趣。他们没有创新或是提升市场的动力，因为没有这个必要。

为什么中东地区丰富的石油资源没能带来日益壮大的创业型企业？新加坡、韩国和以色列等国家及地区虽然自然资源远不及中东充裕，甚至可以说是极度匮乏，但却能在那里见到这类企业的身影。为什么中东找不到这些国家中的那种高科技企业或是纺织工业？因为但凡依赖自然资源来发展的国家基本都未养成发展商业的习惯，而那才是财富的真正引擎。

银根紧缩政策一样会带来问题

我们提到过，凯恩斯主义者将经济视做一个封闭的体系，一台发动机。事实上，它更像是一台鲁布·戈德堡式①的复杂机械。一个简单事件会引发一系列意想不到的结果。因此当货币官僚们试图充当傀儡师时，通常都会陷入困境。

1997 年美国减少税率时就发生了这样一幕。在一系列引人注目的举措中，克林顿政府将资本利得税从 28% 降至 20%，并取消了新的互联网税。[79] 经济腾飞、股市高涨、美元需求增加。美联储未能满足市场需求，提供足够的美元供应。金价下跌。[80] 央行在不经意间开启了一场通缩。商品价格暴跌。例如，玉米价格从 1996 年每蒲式耳 5 美元以上跌至 1999 年的 2 美元不到。[81] 石油价格低至每桶 10 美元。[82] 农业与传统制造业受到限制。

其结果是：投资撤离了这些传统领域，但这并非是真实的市场意图。这些投资流向何处了呢？资金注入了高科技领域。多亏互联网的发展，当时的科技正处于繁荣发展的中期。美联储的银根紧缩政策引发了一系列事件，最终以牺牲传统产业为代价，吹大了这场繁荣的泡沫。

2000 年初，纳斯达克冲上了 5000 点，此后便再没有站上如此的高点。[83] 此后不久，股市开始震荡。高科技泡沫呈现爆破之势。到 2001 年，经济进入了衰退期。

如果美联储能放手让经济自主复苏，我们也就不会写下这本书了。不过它自然不会那么做。面对 2001 年高科技泡沫的破灭，美联储主席艾伦·格林斯潘在乔治·布什就职典礼的前两周转变了政策方

---

① 鲁布·戈德堡是美国著名漫画家。他的漫画系列《发明家》充满了用复杂机械完成简单任务的可笑设计，并因此闻名于世。此后鲁布·戈德堡式机械便用来指那种用特别复杂的工具解决简单的问题。

向，开始实施宽松货币政策。他将利率从 6.5% 下调至 6%。

当金价达到每盎司 350 美元时，他本就该终止宽松政策了。2003 至 2004 年间，金价突破每盎司 400 美元时，美国经济显然已经向着通胀的方向发展了。[84] 然而他却继续降低利率，在当时低利率推进了房地产泡沫。我们都清楚后来发生了什么。

如果格林斯潘密切关注金价走向的话，就可以避免某些情况的发生。不过看起来他并没有这么做。考虑到之前他曾支持过与黄金挂钩的货币体系，他的表现实在让人吃惊。金价除了是一个价值锚之外，还是一个重要的晴雨表。它的波动能反映出经济中流通的货币数量过多、过少还是正好。

遗憾的是，不仅是格林斯潘，几乎最近几届美联储主席都没能重视起金价的晴雨表作用。他们过多地依赖预感以及政治气候来做决定。

这些都引发了一个更为重要的问题：我们真的需要美联储来进行经济微调吗？美联储诞生于农业时代，当时发放农作物贷款的银行在收获季节会面临季节性的资金周转困难。美联储的作用是提供流动性，并像英格兰银行一样，承担起最后贷款人的职责。这与其今天所扮演的角色——调节正常商业周期——有很大的出入。

均衡只是学者们的幻想罢了。现实生活中的经济并非是一个发动机，而是由人类行为、需求和欲望构成的、充满活力与意外惊喜的复杂机制。意料之外的事件时常发生，并会挫败官僚们热切的意图。美联储——事实上，任何政府官僚机构都一样——无法成功调和数百万人的经济活动，就像它根本无力掌控气候变化一样。

第五章

货币与道德：货币贬值如何影响社会面貌

一旦人们不再相信货币，人与人之间的信任也将不复存在。

> 列宁说得很对。在一切能够颠覆现有政权的手段中，通货膨胀是最隐蔽、最可靠的。在这一过程中，它调动了一切隐藏于经济规律中的破坏因素，纵然百万人之中也无一能觉察其问题的根源。[1]
>
> ——约翰·梅纳德·凯恩斯

凯恩斯勋爵，这位货币刺激政策最重要的支持者，曾动笔对货币被摧毁时将发生的社会混乱进行了总结。1919 年他记录下这段最为知名也最强有力的总结之后不久，德国的通胀就点燃了国内大乱。阿道夫·希特勒（Adolf Hitler）崛起前，德国经历了恶性通胀与社会动荡。凯恩斯认为，极度通胀与适度通胀之间存在区别。他相信后者能刺激经济发展。很快历史就证明他大错特错了。这简直是莫大的讽刺。

通过提供一种能在陌生人间促进贸易的共同价值标准，货币推动了对贸易来说至关重要的合作与信任。无法被信任的不稳定货币破坏了市场对价值的共同看法，产生了会扰乱交易的市场扭曲及不确定性，加大了建立信任的难度。交易变得越来越困难，越来越难发生。或是看上去已不再是公平交易。在极端情况下，人们对整个系统失去信心——人与人间的信任已荡然无存。

典型痼疾的表现

知名投资顾问迪伦·格赖斯（Dylan Grice）指出，“历史上因社会凝聚力遭货币贬值破坏而引发社会大乱的例子不胜枚举。”[2] 货币贬值总会带来社会痼疾。从罗马帝国的陨落到法国大革命，再到德国的恶性通胀，近期的则有20世纪70年代美国的滞胀和现在阿根廷的混乱，上演的一幕幕大多相同，都以相互推诿、腐败、社会动荡和日益强权的政府为特征。在最糟糕的情况下，如德国魏玛共和国，货币贬值甚至导致了政治极端主义和独裁者的崛起。

因为发达国家近期没有经历过魏玛时期那般严重的通胀，多数人认为社会大动乱离自己极为遥远。不过以往由货币贬值导致的灾难也是如此。人们对正在发生的事情往往反应迟钝。货币博客作家保罗·海因（Paul Hein）将逐步分化比喻为温水煮青蛙。他说，迟早会发展到“人们忍受不了的地步”。[3]

考虑到过去十年间全球货币基础一直在膨胀，这已显而易见。事实上，现在有些观察家担心水已经快煮沸了。他们指出已发生了全球金融危机；最近发生在津巴布韦和叙利亚的严重通胀已快接近魏玛时期当时的程度，但这些通胀却在很大程度上被人忽视了；席卷整个中东的普遍骚动是40年来全球信任下降的一种表现。而采用法定通货、美联储削弱美元的那一刻就已经开启了信任的下降通道。

社会核心内的裂隙

几个世纪前，约翰·洛克就已观察到，因为同时欺骗了贷款人和借款人，货币贬值会在社会核心内部劈出一道裂隙。一旦这种基本关系被破坏，经济与社会信任都将不复存在。金融危机像极了洛克式的信任背弃。美联储抬高了人为压低的利率，这对举债人来说无异于釜底抽薪。房屋所有者再也无力承担房价，他们欺骗出借人，引发了一波丧失抵押品赎回权的浪潮。主要金融机构因此垮台，随之消散的是数百万财富。这反过来又引发了 2008 年股市的恐慌，带来了全球信任缺失，并迅速在全球范围内引起反响。在欧洲，银行的倒闭和政府的救市行为动摇了全球投资者的信心，促成了欧盟的主权债务危机。

这场全球信心丧失的风潮很快转为了狂怒：暴乱与示威席卷全球——从拉脱维亚、德国、土耳其、法国和奥地利到英国、爱尔兰、意大利、西班牙和希腊。在占领华尔街的运动中，美国人的怒火终于迸发了出来。

美联储的弱势美元政策不仅加剧了通胀，而且导致中东地区信任瓦解。突尼斯人对飙升的食品价格表示抗议，由此引发了大规模骚乱。

ETM 分析公司是一家位于南非的投资咨询公司。它发布了一份名为“警惕暴乱”的报告，对全球可能会遭遇麻烦的地区做了预测。该公司能够依据国家的“货币滥用率”进行预测。叙利亚的恶性通胀率接近 200%，在 2013 年 2 月的报告中名列榜首，紧随其后的是阿根廷、南非、埃及、印度和土耳其。[4]

就叙利亚而言，其恶性通胀是由内战引起的。然而，ETM 分析公司的克里斯 · 贝克尔（Chris Becker）解释说，一般说来，政府的货币渎职行为是“骚乱或暴力最终爆发的催化剂或诱因”。[5]

社会分裂

弱势、不稳定的货币能煽起人们对于不公正的感受。领着固定薪水、在不明朗经济环境下生活的人们在日益上涨的物价中挣扎。一旦他们看到别人通过投机或裙带资本主义而非诚实劳动富裕起来，就会愤怒不已。

甚至早在金融危机爆发前——自美联储开始削弱美元起，收入不均问题就是美国的一个情感问题，这绝非偶然。2012 年皮尤研究中心进行的一项民意测验表明，此刻是 25 年中美国两极分化最为严重的时候。研究指出，“几乎所有的不平等增长都出现在乔治·布什和巴拉克·奥巴马执政期间。”[6]

借用迪伦·格赖斯的话，在货币扩张期间“99% 的人责怪 1% 的人；这 1% 的人责怪另外 47% 的人；私营部分责怪国营部门，而国营部门则以情绪化作为回击——年轻人责怪年长者、人人都责怪有钱人——然而却鲜有人质疑过政府或央行背后的理念”。[7]

他警告说：“印发钞票的行为……实际上是在使社会站到自己的对立面。”

货币与信任共生

货币为人们提供了一种能在市场中使用的稳定、公认的度量单位。它是陌生人间进行交易的基石，并能推进信任。货币是信任的基石，反之亦然：社会信任有赖于稳定的货币。

乔治梅森大学经济学家布鲁斯·扬德尔（Bruce Yandle）告诉我们：

> 事实上，所有的市场交易都有赖于一定程度的信任……想一

> 想那些简单的行为。我在一家自己从未光顾过的 7-11 便利店中，拿起油泵将其中的液体加到车子的油箱中。我相信从软管中流出来的是汽油。我走进布拉格的一家大型乐购超市，并购买了新鲜水果、汤和咖啡等副食品。虽然之前我从未踏进过乐购的任何一家门店，但我丝毫没有考虑过这些食物的安全问题就把它们吃掉了。我给自己的经纪人发了一封邮件，告诉他我打算买入 10 手股票……尽管我从未核实过这家公司的金融实力……
>
> 无论如何，信任植根于个人心中。在上述例子中，告知实情与信守诺言是一般商贸生活的典型特征。市场的每个角落都能找到信任。[8]

经济学家和政治哲学家弗朗西斯 · 福山（Francis Fukuyama）将信任定义为“在特定社会里的普通、诚实与合作的行为中发展起来的、基于共同标准、对社会其他成员的期望”。[9]

福山提到，信任度高的社会通常能创造出更多财富。与低信任度国家相比，他口中的那些“高信任度国家”（如德国、日本和美国）通常更适合创办企业，也能更迅速地繁荣起来。“低信任度国家”更主要地依赖于小型家族产业。[10]

货币不仅是通用的价值尺度，也是一种信用机制，因此能促进信任的形成。毕竟，信贷——基于未来将会偿还这一承诺而得到的贷款——不就是信任在金融上的一种表现吗？

为了解货币、信贷以及社会信任间的相互关系，我们只需要比较不同国家间的基准利率就可以了。陷入经济困境的国家的利率通常会高一些。可以比较一下 2014 年高通胀的阿根廷（15.0%）、白俄罗斯（26.0%）和缅甸（11.3%，最近降到了10%）与通胀率更低、信任度更高的国家，如挪威（1.5%）和澳大利亚（2.5%）在利率上的差别。[11] 或者，我们可以将它们与19世纪盛行的3%的长期债券收益率进行比较，这更能说明问题。[12] 那时是经典金本位制时代，全球经济的繁荣时期，人们认为货币和黄金一样坚挺。

不幸的是，人们从未能完全领悟货币与社会信任间的关联。金融危机后尤是如此。危机期间，货币和金融几乎被视作了贪婪的同义词。

社会动荡与货币不稳之间存在很强的关联性。美元贬值的四十年也是信任灭失的四十年。不止一项研究指出，自20世纪60年代早中期开始，甚至早在布雷顿森林体系终结前，总的来说，人们相互间的信念就开始滑坡。[13] 许多因素都要为此担起责任，包括刺杀、越战以及反文化的兴起等。

社会信任下滑尤为急剧的时期是20世纪70年代通胀率达到两位数的时期，以及过去十年弱势美元的扩张时期（金融危机时达到顶峰）。[14] 这场全球事件不仅是场经济灾难，而且是信任灭失的过程。我们至今仍深受其害。

金融危机证实了信任的沦丧

始于美国的金融危机撕裂了全球经济，其起因是货币与信贷的根本机制遭受了腐蚀。布鲁斯·扬德尔将这种机制称作是市场“信任技术”的一部分。[15] 他解释说，信用评级这类工具是一种“保障机制”，对“说真话、守信用”而言至关重要。只有保证这一点，才能建立起信任，使经济正常运转。

他告诉我们，21 世纪初美联储降低了利率，扩大了货币基础，再加上经济适用房的规定施加了压力，市场信用保障能力受损，因为至关重要的基础结构遭到了破坏。因此，原本不可能获得贷款的人借到了钱。这反过来导致金融机构将存在问题的贷款与其销售给投资者的抵押担保证券捆绑在了一起。

像债券信用评级这类信用保障机制也对政治化环境做出了妥协。扬德尔写道，最终当美联储提高利率时，“被政治扭曲的担保装置失效了。”由此引发一波波取消抵押品赎回权的浪潮。[16]

规定重新采用调制市价的会计结算方式迫使银行人为地低估自己的贷款组合，为他们提供了一个卸载点。这项规定祸害无穷，那些有次级房贷在手的银行因此显示出更高的金融风险，虽然事实并非如此。卖空者的攻击将银行股推入了死亡的漩涡，开启了 2008 至 2009 年的大恐慌以及人们对金融系统的信任危机。

那段痛苦的经历依旧历历在目：我们一直认为那几家全国最大的金融机构“强大到不会垮台”，但它们或是破产，或是并购，或是像花旗集团和美国国际集团那样，在政府临时接管的过程中，被拿走了大部分资产净值。17 个月间，道琼斯工业平均指数暴跌 7600 点，市值蒸发了 54%。

一连几周，金融机构实际上已陷入了瘫痪。有人从银行和经纪公司中取走了自己的存款，更多人则在考虑自己是否也应该仿效他们的做法。当美联储暂时保证了货币价值时，终于将对货币市场撤资的集体恐慌扼杀在了萌芽状态。但这场信任危机才刚刚开始。

从取消抵押品赎回权到主权债务违约

美元贬值造成人们对整个系统信心崩塌。很快，全球都感应到了这种地震般的反应。从英国到德国再到爱尔兰，各国开始救市并接管银行。事态迅速蔓延，最终在几个月后的2009年触发了欧元区的主权债务危机。

那时很多人就已经注意到，一些银行的状况比大家想象中的要好。但这种现实并没有多大意义。德意志银行的一位经济学家告诉《纽约时报》，“在当今这个时代，银行挤兑遍布全球，而不仅仅是某个街区。银行挤兑一旦发生，不论手握的是优质贷款还是不良贷款，都无关紧要。人们已不再信任银行。”[17]

随后发生的全球经济衰退严重打击了希腊，人们发现其政府赤字是之前报告的两倍。人们想到希腊政府可能会对其债券违约——全球投资者都购入了希腊债券，尤其是多数欧洲银行和法国金融机构。这会令金融市场产生恐慌，引发人们对其他欧洲政府——尤其是葡萄牙、意大利、爱尔兰和西班牙——信用可靠度的怀疑。

希腊及其他陷入困境的国家的债券评级不断降低。最终，标准普尔将希腊降级为“SD”——一种选择性违约，暗指该国无法实现其全部金融义务。信心动摇的债券买家急剧推高了全欧洲的利率。2012年3月危机最严重时，希腊10年期债券的收益率竟达到了令人咋舌的49%。[18]飞涨的借贷成本将该地区危机重重的政府逼到了破产的边缘。希腊最终与欧盟达成了救市协议，“骗走”了其债权持有人50%的借款。[19]

美国次贷市场的信任危机扩散到了全球，在欧元区引发了新的对立情绪。人们指责希腊举债、花销失控；憎恨德国不向希腊施以援手，而将解决之道推给私人债券持有者；并声讨美国制造了这场危机。而中国作为众多在困境中挣扎的国家的债主，经济实力不断增强，人人都对其心存敬畏。[20]

中东：弱势货币等于火上浇油

因美联储注入全球的如海啸一般的流动性而引发的信任灭失并未止步于欧洲——它也加剧了中东的紧张局势。请记住，货币价值减少后，投资者就会小心保存自己的财富。货币流向石油和农产品等大宗商品，拉高了燃油和食物等必需品的价格。2010 年联合国粮农组织发布的食品价格指数显示，食品价格猛增了 25%。[21] 全世界人民都把货币供给冲击的急剧增加推到干旱、贫穷和战争头上。然而，美联储释放的宽松货币的洪流才是罪魁祸首。

2010 年的突尼斯示威游行主要就是因食品价格而起的。[22] 民众不满之风很快就吹到了埃及。2006 年埃及的 CPI 只有 5%，但到了 2009 年已跃至 18%。[23] 随后，埃及人民推翻了穆巴拉克（Mubarak）和穆尔西（Morsi）政府，社会局势依旧动荡不安。伊朗的骚乱也不断增多。2009 年其官方发布的通胀率飙升至 25%，几乎是几年前的两倍。但事实上也许还不止两倍。

2011 年的 G20 会议在巴黎召开。各国财政部长纷纷对美国推动全球通胀，并因此威胁到全球稳定一事表示了担忧。[24] 与某些人一样，乔治·梅洛恩（George Melloan）将这种动荡与量化宽松联系到了一起。他在《华尔街日报》上承认：“也许鲜有街头抗议者能想到自己国内的经济阵痛与美国政府有关。但央行行长心里都很清楚。”

如果想了解2008年金融危机带来的政治剧变到底有多深远，只要数数其后发生的政权更迭就行了。除中东发生骚乱外，因最初的金融危机，17个欧洲国家中有13个政府易主。在美国，2008年9月的股市恐慌逆转了约翰·麦凯恩（John MacCain）微弱的领先优势，将极左派的奥巴马送上了总统宝座。

从资产负债表到街头示威

纵观历史，人们一旦对货币极不信任，就常常都会寻找一些替罪羊。情况变糟时，鲜有人会觉得问题出在宽松货币身上——或紧缩货币。他们要找人来背黑锅。凯恩斯就注意到，“大笔意外之财送到某些人手中。这笔钱远比他们应得的要多，甚至超出了他们的预期和欲求。”[25]这些人成了“憎恨的对象”，并被人鄙视为“谋取暴利者”。

迪伦·格赖斯论述社会大乱的文章被广为引用，他在其中提醒我们，每次通胀期都会发生针对所谓“恶徒”的恶性运动。公元3世纪，罗马人因自己无节制地削弱罗马银币而引发了通胀，最后却把责任推到了天主教徒身上。英国在16、17世纪进行了女巫审判；法国大革命时期实行了恐怖统治，残杀了17000人。这两者恰好都发生在货币贬值时期。德国则拉来犹太人为恶性通胀背黑锅。[26]

2008年金融危机过后，各行各业的人们立即开始质疑政府在人们失去家园、丢掉工作、没了存款的状况下，用纳税人的钱撑起金融业这一做法的公正性。政客几乎每天都在非难华尔街的贪婪、掠夺性的贷款人和投机商。对“拥有商务客机的高薪肥猫”的谴责成了主流的政治修辞。

欧洲的状况也与之类似。希腊总理乔治·帕潘德里欧（George Papandreou）谴责投机商压低了希腊债券的价值。[27] 在英国，抗议者袭击了苏格兰皇家银行前执行官弗莱德·古德温（Fred Goodwin）的宅邸。人们谴责他是一位无能贪婪的银行家。[28] 抗议者在一段文字中表达出了占领华尔街运动的主题：“我们很愤怒，像古德温这样的富人领着高薪，过着奢侈的生活，而普通大众却没有工作，穷困潦倒，居无定所……应该把银行老板扔到监狱里。这还只是个开始。”[29]

有人暗示说，这种愤怒不单是对货币扭曲带来的财富再分配的回应。已故的诺贝尔奖获得者、保加利亚作家埃利亚斯·卡内蒂（Elias Canetti）曾记录过群众的情绪。他对德国货币崩溃后人们诿过于人的极端心理提出了一种具有煽动性的，也许让人心绪不宁的解释。金钱作为辛劳工作和人类行为的体现，可以说不单是种交易媒介，更是一种自我表达。他认为，德国货币崩溃后，社会以牙还牙地回应了“贬值”带来的创伤：

> 之后人们自然会倾向于寻找一些甚至还不如自己，一些可以鄙视的东西。仅仅传承一种陈旧的蔑视，并将其维持在同一水平是不够的。人们需要的是使人蒙羞的动态过程。必须用这种方式来对付它们，使其价值逐步减少，就像通胀时期的货币那样。[30]

占领华尔街：古典戏剧中的演员

2011 年，参与占领华尔街运动的抗议者们在纽约金融区的祖科蒂公园开始了为期两个月的露营，上演了货币贬值后社会动荡的一幕。他们的示威活动喊出了由来已久的不平等与不公正，并很快便扩散到全美及一些欧洲城市。一位底特律示威者的哀叹十分典型："金融构架……对大部分人来说不仅无益，反而有害。这个系统是为很小的一部分人打造的。"[31]

示威者在摩根大通董事长兼首席执行官杰米·戴蒙（Jamie Dimon）、新闻集团首席执行官鲁伯特·默多克（Rupert Murdoch）、实业家大卫·科赫（David Koch）及金融家约翰·保尔森（John Paulson）——他们作为 1% 的象征受到了抨击——的寓所外策划了一场"针对百万富豪的步行之旅"来发泄自己的怒气。

媒体将社会信任的崩溃怪罪到华尔街的贪欲上。但其实，美联储才是罪魁祸首。

量化宽松政策将货币基础扩大到惊人的水平，还为金融行业带来了大幅利润。我们已经提过，美联储通过购买长期国债和抵押担保证券将信贷引向政府和大公司。此举牺牲的是小企业和新创公司的贷款机会。马修·泰比（Matthew taibbi）在《滚石》（*Rolling Stone*）上抱怨说：

> 普通人必须以市价借钱。而劳埃德·布兰克费（Lloyd Blankfein）和杰米·戴蒙却能从美联储获得无息贷款。他们不花成本借到这笔钱，然后以 2% 或 3% 的利率将这笔钱放贷给政府。这项社会服务很值钱，因为他们"站在中间，当政府决定借钱给

自己时，狠狠从中捞一笔”。[32]

然而，问题并不是华尔街的欺诈行为，而是美联储的政策。它试图通过那些恰恰会引发危机的事——向抵押贷款引入更多流动性——来复苏经济。与此同时，收入水平处于中下的人们仍旧在萧条的经济中挣扎。量化宽松政策并未能使其恢复活力。

保罗·克鲁格曼于2013年曾抱怨说，美国似乎正在经历“富人的复苏”。这次他倒是没说错。他写道，“富人又大张旗鼓地回来了。”

> 2009年以来经济复苏中95%的收益都集中到出名的那1%的手中。事实上，超过60%的收益流向了金字塔尖的那0.1%。那些人的年收入超过190万美元。基本上，绝大多数美国人还生活在不景气的经济中，但富人们已经完全填补了损失，其财富正在强势增长。[33]

他评论道，“我想我已经写过了，那些超高收入中的一大部分来自金融业。[34]你可能还记得，在其濒临崩溃时威胁说会拖垮整个经济，说服纳税人助其摆脱困境的就是金融业。”

信任减少，政府变大

在货币长期不稳定的国家内，对商业持怀疑态度是一种生活方式。希腊就是一个完美的例子。在采用欧元前，希腊的决策者们一直在进行慢性货币贬值。加入欧元区后，政府被迫停止通胀——虽然支出并未因此终止。这种货币功能障碍的残留腐蚀了希腊的政治经济生活，破坏了其基本社会规范。

企业家德米特里·波利托普洛斯（Demetri Politopoulos）从美国回到祖国希腊创办了一家酿酒厂，但他的产品被人蓄意毁坏，车胎被人放气，连他自己也遭到辱骂威胁。[35] 鉴于希腊文化对商业怀有的敌意根深蒂固，我们不难理解为何其失业率接近 28%。[36]

阿根廷则是通胀危险的楷模。“empresario”这个在西语中意为企业家的词现在成了罪犯的代名词。[37]

信任的毁灭具有破坏性，几乎总会带来反复无常的严苛规定。一旦人们感觉无法再信任彼此就会跑去寻求政府的帮助。

阿根廷无数变幻莫测且怀有政治目的的规章制度——曾经一度出现过一项禁止进口书籍的禁令——实际上已使其经济陷于瘫痪。

在欧洲与美国，货币与金融监管领域日益要求采取“宏观审慎”的策略。[38] 这将赋予央行及金融监管机构横扫一切的新权力，旨在使其能对整个市场进行评估、在泡沫产生前进行阻止。欧洲央行已经开始采取这种先发制人——也很危险——的方法。知名经济学家约翰·柯克伦（John Cochrane）在《华尔街日报》上表达了在权力日益增强、越来越捉摸不定，且采取宏观审慎策略的美联储的阴影下，自己对美国创业型经济前景的担忧。

> 要是美联储判定住宅建筑商的投资有泡沫，对其信贷进行限制，这些人该作何反应？要是美联储认定那些循规蹈矩的银行家的行为对“体系”造成了威胁，他们会作何感想？[39] 当美联储宣

布影子银行中的金融企业家和 p2p 借贷的创新者为与银行竞争而做的努力无效时，他们又感受如何？

鉴于金融业已是美国经济中监管最多的领域（拥有无数像萨班斯·奥克斯利法案、德－弗兰克金融改革法案之类的规章制度和繁文缛节，更不必说各种证券法和约束条款了），现今呼吁进一步加强管制的行为不像是真正为改革所做的努力，反倒更像是在阿根廷和希腊等国常见的政治化约束。在货币腐败导致信任被毁之后，这种行为更像是寻找政治上的替罪羊与偿付活动余波的一部分。

实际上，当 2013 年奥巴马的司法部门迫使摩根大通支付 130 亿美元时——这是史上公司支付给政府罚金数额最为巨大的一次，相当于该公司年度收益的一半，政府的惩戒态度显而易见。这是一份“你无法决绝的提议”，这家全球最大的银行因此躲过了指责其将按揭抵押出售给投资者的诉讼[40]——政府企业房利美和房地美仍在销售这种投资工具，而美联储则因量化宽松政策而购入了按揭抵押。

自金融危机开始，至少有 7 个联邦机构对摩根大通展开了调查。除上述那笔天文数字外，摩根大通为辩护已支出了 180 亿美元。每月它需与监管者面谈 50 次，其高管层事实上已被政府扣成了人质。《华尔街日报》曾在 2013 年报道说，摩根大通的风险合规团队从 2012 年的 8000 人扩充到了 15000 人，而在合规方面又支出了 50 亿美元。[41]

批评家们幸灾乐祸地说摩根大通是罪有应得。但事实上，真正输家是正在找工作的美国人。摩根大通上百万美元的资金没被用来支持下一个苹果或谷歌公司的发展，而是流进了官僚的口袋，用来资助了崩溃的网站和摇摇欲坠的官僚机构。

道德败坏与社会痼疾

加紧对财政及资本的控制是货币崩溃时期政府的典型反应。但此举既无法重振人们对货币的信心，也无法复苏经济的活力。相反，它使经济在停滞与悲观的深渊中越陷越深。20 世纪 70 年代美国滞涨时期，吉米 · 卡特（Jimmy Carter）将这种绝望融进了有关“社会痼疾”的著名演讲中：

> 这场美国精神危机的征兆无处不在。大部分人相信，未来五年将比过去五年还要难熬。美国历史上还是第一次出现这种状况。三分之二的选民甚至选择弃选。美国工人的生产力正在下降，美国人为未来储蓄的意愿下降，甚至还不如其他西方国家。[42]

现在，通胀明显在印度引发了绝望。长期以来，该国一直在滥用货币。在经济发展放缓、美国宣布将实施削减政策并提高利率后，通胀就开始在印度肆虐。结果，投资者舍弃了印度国债，转向美国国债，造成卢比价值滑坡，并于 2013 年达到历史最低值。[43] 印度政府几乎将基准利率提高到了 8%，并对海外投资实施管制，甚至禁止搭乘飞机的乘客从境外带回免税的平板屏幕。[44]

印度曾被称作是亚洲新虎。但到 2013 年秋，其经济增速从 21 世纪初的 9% 左右滑落到 4% 以下。其庞大的人口因食物价格攀升而受到了严重打击。印度不断增长的中产阶级在过去 20 年间是成功的典范，但现在他们首次对未来表现出了悲观情绪。《印度消费者》（*Indian Consumer*）一书的作者阿拉姆 · 尼瓦斯（Alam Srinivas）告诉

《华盛顿邮报》，“中产阶级对通胀惊愕不已。他们曾觉得一切都很完美。”有个学生说自己推迟了对未来的规划，现在“只想活下去。”[45]

奥巴马总统在其 2013 年有关收入不均的演讲中也流露出了同样的情绪，这种悲观是货币问题的一大特征：

> 美国人民对政府的失望情绪空前高涨，这不足为奇……他们的沮丧植根于自己在日常生活中的种种战斗——努力保证收支相抵、支付学费、购买房产、为退休存钱。它植根于一种挥之不去的感觉，无论自己如何努力，成功的大门总不会为他们而开。它植根于一种恐惧，担心自己的孩子会生活得比自己悲惨。[46]

卡特总统承认了通胀在国家灾难中起到的作用，而奥巴马却像许多政府官员一样，未能发现 99% 的国民所面临的困境与毁灭财富的货币政策间存在联系。当他抱怨说“位于我们经济核心的基本协定已经磨灭”时，其所指的本该是美联储削弱美元时发生的事。

降低公共道德标准

2013 年西奥多·达尔林普尔（Theodore Dalrymple）在《城市》（*City Journal*）杂志上撰文写道，货币贬值“侵蚀了国民性”：

> 它不仅破坏了资产阶级的传统美德，而且使其变得荒谬之极，甚至完全颠倒。谨慎小心变成了轻率鲁莽，勤俭节约变成了

见识短浅，头脑清醒变成了不怀好意，虚心谦逊变成了胸无大志，自我控制变成了背叛本心，富有耐心变成了缺乏远见，稳定如一变成了僵硬刻板：所有的智慧都变成了愚蠢。环境几乎将每个人都拉进了这场闹剧。[47]

货币博客作家保罗·海因简练地概括说，“若是货币失了标准，其他标准也会渐行渐远。”[48] 法定通货在无意间扭曲了市场信任机制，迟早促使政府、机构以及个人做出故意违背信任的行为。

社会动荡与贪污腐败都是无节制贬值货币的症状之一。像叙利亚、阿根廷和津巴布韦这类通胀大户的通胀都在透明国际发布的年度清廉指数排行榜上排名垫底。[49]

既然全球货币都在贬值，腐败抬头也就再正常不过了。透明国际发布的全球贪腐趋势指数公布的是对 107 个国家腐败状况的调查。2013 年该指数显示，53% 的受访者相信过去两年中，腐败现象已经有所增加或大幅增加。[50]

例证比比皆是：

- 土耳其一直在试图控制通胀，并已取得一些成效。2013 年爆出的政府贪污丑闻造成了社会动荡，并最终迫使总理雷杰普·塔伊普·埃尔多安（Recep Tayyip Erdogan）更换了 10 名内阁。[51]
- 小国白俄罗斯 2012 年的通胀率几近 60%。不行贿就无法进入国内知名大学学习法律、医科等学科。[52]
- 俄罗斯的英语 RT 网络报道，2011 年该国的通胀率意味着行贿一次的代价“是原来的三倍多”。[53]

2012 年，巴克莱银行及另外 15 家全球金融机构承认自己人为降低了伦敦银行间的拆放款利率（LIBOR，银行间往来贷款的短期利率）。人们指责银行一开始就操纵利率，以使其交易对象能在金融衍生品交易中获利。后来，他们又压低利率，让自己的资产负债表在金融危机时期显得更为强劲。在美国、英国和欧盟，银行的罚金总额超过了 60 亿美元。[54]

如果系统内货币稳定，也许就根本不会在拆放款利率上发生违背道德的行为。货币浮动带来的价格波动使金融衍生品成为必备之物。经济学家大卫 · 马尔普斯写道："若是汇率及对金融衍生品提供支撑的利率不稳定，就会产生对复杂金融衍生品及拥有浮动利率的金融工具的需求。"换句话说，鼓励银行操纵行间利率的环境将不复存在。巴克莱银行操纵拆放款利率的自保行为也不会发生，因为根本就不会爆发金融危机。

稳健的货币还有可能阻止其他绝望的行为，如 2012、2013 年塞浦路斯金融危机时期对私人银行账户的洗劫。为了支付银行救援项目，塞浦路斯政府应德国、国际货币基金组织和欧盟的要求，对银行储户征收了一次性税收。此举几乎将塞浦路斯银行中半数余额超过 10 万欧元的未参保账户充公。[55] 这种没收个人财产、辜负人民信任的行为史无前例，多数人对此错愕不已。投资人吉姆 · 罗杰斯向美国全国广播公司财经频道喊出了他们的心声——"你们还想知道些什么？"[56]

> 想想那些可怜的人，他们觉得自己不过是开了个银行账户而已。可现在却发现自己正在为塞浦路斯的稳定做"贡献"。这些政客脸皮可真厚。

与系统博弈

欺骗市民、逃避债务的不仅仅是政府和银行。货币崩溃也使社会信任和普通市民的道德走向腐化。2011 年,《纽约时报》在金融危机爆发后刊登了一篇令人惊讶的文章“他们逃债了，并为此庆幸不已”,以令人同情的笔触讲述了金融危机爆发后人们决定放弃抵押贷款的故事。[57]

一家制药厂的员工告诉记者，他买下位于洛杉矶的房产三年后，房产价值几乎缩水到 25 万美元，远低于购买时的价格:“我们算了一下，住所的房价跌幅占贷款的比例有多少;迄今为止，我们亏了多少;在实现收支平衡前，还会继续亏损多少……因为还有 20 年要熬。这根本就不需要动脑筋去想。”该男子向 YouWalkAway.com 寻求了帮助，这是一家专注于“明智的战略型违约”服务的机构。根据《泰晤士报》,从一笔 30 万美元的债务中抽身的过程相当程序化:

> 公司向客户收取 199 至 395 美元的注册费。[58]根据房主所选的不同援助计划，每月收取的会员费从 29.95 美元到 99.95 美元不等。此后，公司会教授客户从抵押贷款中抽身的流程，帮助他们判断哪些恐吓信要引起重视，而哪些无关痛痒，并帮助他们联系精通各州物权法的律师。

帮助人们在贷款问题上背信弃义会引发诸多道德问题。YouWalkAway.com 的首席执行官乔恩·马达克斯(Jon Maddux)对此视若罔闻:“我认为，只要越来越多的人知道已经有人这么做了，他们就会明白这没什么大不了的。他们接着过日子，就像是按一下重置键，然后就可以重新开始了。”

哈佛大学有位房产专家支持这种行为。《泰晤士报》援引了他的话：“如果房产是一项金融资产，那么从金融的角度来说，从中抽身是理智行为。金融机构就是这么做的。”[59]

不仅仅是抵押贷款

学生不可能像房主那样轻易从贷款中抽身。后者的购房抵押贷款已收回无望，而作为债权人，美国政府却能把前者的工资抓在手心。然而，越来越多的学生还是选择了逃债。据教育部所言，1995年以来，学生的违约率一直处于历史最高水平。[60]

流动性注入房市后造成了抵押贷款市场的道德风险。同样，过去四十年间，美联储的货币扩张间接降低了助学贷款市场的道德水平。1996至2006年间，真正的联邦补助——包括补助金、贷款以及税收抵免等——猛涨，从487亿美元飙升至863亿美元，增长了77%。每位全日制大学生所能获得的补助（多为联邦补助）增加了43%。上大学的成本也相应增长：四年制私立大学中，每位学生的学杂费和食宿费上涨了29%，而公立学校则增加了41%。

根据《美国新闻与世界报导》(*News and World Report*)，对许多年轻人而言，他们申请到的贷款是“通向毁灭性金融行为的诱导性毒品”。该杂志描绘了一名学生如何使用申请到的贷款来维持自己的奢侈生活。他用这笔钱购买了“一辆吉普车、立体声音响、电视和其他商品。购物剩余的钱被用来投资，结果却亏得精光”。毕业后他未能找到工作，而还款额却涨到了当初借款的两倍。[61]

既然学费债务已高达1万亿美元，参与占领华尔街运动的年轻示威者们对助学贷款危机抱怨不已就不足为奇了。他们的抱怨不无道理。宽松货币能腐蚀的不仅仅是对市场真相的表达方式。什么样的社会才会将需要背负一生的债务负担推销给那些刚刚踏上工位岗位、在金钱方面毫无经验的人？高利贷和毒贩子让人债务缠身，上瘾成性，他们理应被扔进监狱。可联邦政府却把这种让人背负债务的行为称为“联邦补助”。

抵押贷款与助学贷款是法定通货时代消费者债务上涨最极端的例子。1971年美元与黄金脱钩之后，消费者债务在GDP中所占比例已从12%增加到2013年的17.5%左右。[62]

同时，个人储蓄率不断下降，从13%减少到现在的5%。[63] 一旦人们无法进行储蓄，为退休做规划就变得更为困难，应对突发事件的能力也会下降。他们无法积累财富，继续向前。也难怪，现在愤怒的人如此之多。

与犯罪的联系

货币贬值带来的隐形偷窃行为正在向下渗透。已故记者亨利·赫兹利特（Henry Hazlitt）与很多人一样，观察到了犯罪与宽松货币间的关联。他提到，“收益与付出、生产力间的关联越来越淡。”[64] 因此，“腐败或犯罪似乎成了更有保障的通往快捷致富之路。”

在饱受通胀困扰的时期内，委内瑞拉的谋杀率高达了 0.79‰。邻国哥伦比亚暴力史久远，但谋杀率却只是它的一半。据估计，不到十年的时间里共有 100 万人离开了委内瑞拉。

基什内尔执政时期，阿根廷的暴力犯罪也开始抬头。资本管制迫使阿根廷人将现金藏在家中，因此导致入室抢劫案频频发生。[65]

货币扩张不断推高美国物价水平，也拉高了犯罪发生率。2012 年美国司法统计局的全国犯罪被害人调查显示，暴力与财产犯罪案件的数量 20 年来首次出现增长。[66]

研究人员称，这一现象极为典型。《经济学快报》（*Economics Letters*）发表的一项研究发现，自 20 世纪 60 年代起，美国的犯罪率与测量通胀及失业情况的经济失调指数间就形成了稳定的关联。[67]

事实上，人们发现，与失业相比，通胀和犯罪间的联系更为紧密。美、德研究人员的一项研究发现，显然在所有变量中，通胀对财产犯罪的影响是最大的，甚至超过了制造业失业率。文章写道，“答案无需任何解释。三大宏观经济变量的影响几乎全都指向了通胀率。”[68]

密苏里 - 圣路易斯大学社会学家理查德·罗森菲尔德（Richard Rosenfeld）一直很奇怪，为何 2008 年那场灾难性的经济衰退造成了失业率的飙升，却没带来犯罪案件的井喷。事实上，犯罪率不升反降了。现在，罗森菲尔德认为，这是因为当时经济暴跌，美国经历了 50 年来首次的严重通缩。[69] 2010 年物价开始上扬——犯罪率也应声增长。

根据 CPI 指数，2010 至 2011 年通胀率从 1.6% 增加到了 3.2%，翻了一番。[70] 随后不久，司法统计局宣布，所有犯罪类别均出现了突然增长。[71] 这支持了罗森菲尔德和其他研究人员的观察结果，即犯罪率会随通胀率而变——通胀加剧后会拉高犯罪率。[72]

21 世纪的美国:“依赖宣言”?

法定通货助长了政府无节制的开支，败坏了社会道德。它使野心勃勃的政客们能设立全新的大型新式官僚结构来拉取选票。这些机构创建了依赖性强的腐败市场。法定通货在四十年间推动了政府巨额借贷的行为。现今政府公债水平已岌岌可危——美国的福利机构和权利文化也危在旦夕。

1971 年理查德 · 尼克松斩断美元与黄金间的联系时，美国联邦债务的总额是 3980 亿美元，占 GDP 的 34%。而现在，这一数字飙升至 17 万亿美元，超过了 GDP 水平——如此巨额的债务足以使手握美国国债的国家担忧其偿债能力，也足以使信用评级机构标准普尔于 2011 年下调了其信用等级。

联邦政府支付给个人的各种项目款项，如发放给失业者或贫民的粮食券等数额激增。20 世纪 70 年代前，只占政府总支出 21% 左右的这项开支如今已升至 70% 上下。几乎半数美国人都不再缴纳所得税。[73]

2008 至 2012 年间，补充营养救助项目（之前的失业者或贫民粮食券计划）翻了一番多。在 2012 年的财政年度中，该项目支出达 784 亿美元，而 2008 年只有 376 亿美元。[74] 住房补助开销为 550 亿美元，达历史最高值。医疗保健法颁布前，医疗补助计划在一直在膨胀，很快就要撑爆了。传统基金会研究员戴维 · 米尔豪斯（David B. Muhlhausen）和帕特里克 · 蒂勒尔（Patrick D. Tyrrell）写道：

> 民主共和国成立后，美国人一路行至此处，许多选民已将政治民主化进程当成是捍卫、拓展从政府处可获“福利”的一种手

段。难道美国人想要的是一个鼓励并巩固政府依赖度日益增强，而个人自由逐渐萎缩的共和国吗？[75]

越来越多的人对政府依赖加重，而迈向经济复苏的步伐却是世上最缓慢的。因此，现在很多人都在思量，美国是否像中世纪的西班牙那样，已步入了经济下滑的时代。当时，西班牙通过矿产资源获得了过于充盈的宽松货币，闲散与腐败因之而生，企业发展也受到遏制。

大政府也是当时西班牙面临的问题之一。英国历史学家艾略特（J. H. Elliott）曾用“arbitristas”①一词来指西班牙革新者。他们发觉“自己国家的中心有一片巨大的皇廷，养着一个不断膨胀、且正无情吞噬国家生命的大型肿瘤。[76]皇廷和官僚机构都迫切需要改革”。

近期围绕着联邦预算展开的争辩导致 2013 年部分政府关门大吉。媒体对这场争论的报道仅仅局限在了政府的债务与赤字上。但实际上，这场斗争的核心是一些更为重要的问题：美国应该继续沿着扩大支出、加重依赖这条道路走下去吗？我们还想再次咽下由于提高债务上限、增加举债规模以及进一步货币扩张导致美元贬值所带来的恶果吗？

罗马的教训

经济教育基金会主席劳伦斯·里德（Lawrence Reed）认为，我们应从古罗马身上汲取经验教训。其货币的崩溃逐渐侵蚀了社会与政治

① 西班牙语，意为“任意”。

秩序，最终造成帝国陨落。罗马的货币贬值、社会堕落始于“人们发现，通过国家的政治进程是另一条生财之道之时”。他在2013年的自由节上，向出席者发表了有力演说：

> 罗马货币在一任任帝王手中不断贬值，并用以支付昂贵的项目。曾经由纯银制成的银币，其含银量到了公元300年还不到5%，已是一文不值。[77]

罗马帝国成了福利帝国。其结果便是肆虐的通货膨胀。一如现今，储蓄凭空消失；商人遭遇重创。专横的政府日益扼杀了私营经济。最后：

> 公元476年，野蛮人将罗马帝国从地图上彻底抹去后，罗马在经济及道德上自我毁灭。他们首先失去了自己的品质，因此随后失去了自由，最后文明消亡。[78]

这是否也会是我们的结局呢？

第六章

金本位制：如何拯救 21 世纪的全球经济

黄金仍是货币的北极星，其他商品
都未能取代它的地位。

时光回溯，重现彼时黄金年代。

——约翰·弥尔顿

若无人知晓金本位制的运作方式，我们就无法在将来回归金本位制。

——内森·刘易斯，《黄金：货币星海中的北极星》

取消美元与黄金间的挂钩，本意是想使美国变得更强。然而，事与愿违，美国的力量反而因之削弱。它耗费了美国的财产，动摇了美国作为全球最强经济体的领导地位。

◎是时候采取行动了

人们正日益达成一种共识，即美国的货币体系已经瘫痪。2013年一项拉斯穆森民意调查显示，居然有 74% 的美国成人赞同审计美联储，并要求将结果公之于众。[1] 只有 10% 的人对此持反对意见。相当一部分人认为美联储主席手握的经济控制权过大。国会中正在形成一种要求重新审核联邦储备银行制度角色的势头。

人们正在寻求解决之道。之前我们提过，人们曾寄希望于寻找替代货币。近期，人们在推动另一种选择，而直到最近，政界才有人对其正眼相看：通过金本位制回归稳定货币时代。

◎金本位制

越来越多的人开始支持新的金本位制。有人已经开始做出了尝试。金银币现在是犹他州的法定货币。[2] 乔治亚州与蒙大拿州已提出设想，允许在某些特定经济领域中使用黄金作为支付手段。[3]

国会联合经济委员会主席、众议员凯文·布雷迪（Kevin Brady）及参议院约翰·科尔尼恩正在推进一项法案，打算设立一个两党联立的委员会来彻底审查货币制度。布雷迪的提案得到了参众两议院的支持。而另一位德克萨斯共和党人泰德·波（Ted Poe）也已提交了一份议案，建议推行新的金本位制。[4]

自由智库卡托研究所于2013年夏举办了一场关于金本位制的研讨活动，会议引来上百位媒体记者、学者、企业家、重要的国会工作人员和其他政策思想领袖到场。他们中的多数人之前从未对金本位制这一话题产生过兴趣。拉尔夫·本柯是格理研究所“现今的金本位制”这一项目及网站的编辑，同时也是福布斯网站专栏作家，他对会议出席情况感到吃惊。他说，“这不是一次普通的事件。回想起来，对金本位制来说，它也许就是一次伍德斯托克音乐节①。”[5]

回归与黄金挂钩的货币现在还未成为国家议事日程上热议的话题。人们在制定政策时，依旧认为这一想法太过激进而不予采纳。不过历史反复证明了，伟大的社会变革最初看起来都像是激进的想法。

为何选择黄金？

我们需要黄金，因为我们在全书反复强调，黄金是能够实现真正稳定的货币的最佳以及唯一途径。将美元与黄金重新挂钩能根除由法定通货带来的经济波动和货币危机。它将终止我们财富的流失，今天

① 目前世界上最著名的系列性摇滚音乐节。

这种财富的缩水是由美联储引发的通胀所带来的。金本位制下不存在通胀问题。这一点都没错。我们是很认真严肃地说出这句话的。批评家们经常有种误解，认为没有通胀就意味着价格波动的终结。我们在前面已经解释过，价格始终会随着供求关系和生产力的变化而波动，而且也应该随之作出相应变化。金本位制能够使价格反映出真实的市场价值，而不是被美联储扭曲后的价值。

换句话说，金本位制能使货币在数十年来首次不受阻碍、不被扭曲地完全实现自己作为交易促成者的作用。市场中的生意人能有一个真正起作用的工具。商业会得到振兴。

19 世纪末就出现过这样的一幕。彼时，英国将英镑锚定黄金，此后就取得了举世瞩目的经济成功。受其鼓舞，多数国家自发采纳了金本位制。全球贸易、资本创造和投资激增，幅度之大，在其后百年内都未被超越。[6] 那时，金本位制在起作用，因为当时的领导人与政府都未像 20、21 世纪的人那般违反规定。他们相信健全货币原则。金本位制能刺激美国及世界经济的发展，而美联储只能在梦中实现这些。

◎金本位制将政治从货币中抽离出来

金本位制从官僚手中收回了决定货币价值和供应量的决策权，这些人的判断常常是错误的，或是在政策的驱使下做出的。官僚无法猜测货币的需求，就像苏联时代的中央计划无法使经济运转一样。看似复杂的公式与各种货币的测量方式永远无法预测出人们的下一步行动。

一国央行的职责只应是维持稳定的金价。在金本位制下，金价起到了晴雨表的作用。它能暗示经济是否流动性过剩；是否正走向通胀，亦或是流动性不足，可能面临通缩。

货币需求反映了全球市场中数十亿人不断变动的行为与欲望。他们中的许多人对完全无法预见的事件做出了回应。没什么能比金价更能传递出这种变动中的需求了。

为何现今美国不采用金本位制？原因有许多。一战的创伤与大萧条加速了新重商主义的崛起与对激进政府的迷恋。许多人觉得，如果政府能通过动用经济力量来获取战争的胜利，那么可以想象，在和平年代，社会能从它的强大势力，包括其对货币更强有力的控制中获得何种利益？

而有关黄金的负面传说广为流传，就像藤壶[①]一样阴魂不散：从“世上没有足够的黄金”到“金价太易于波动”，甚至还有“金本位制操纵了货币价格”，各色托词层出不穷。

你还会听到有人指责说是金本位制导致了大萧条，并产生了最终引发布雷顿森林体系崩溃的压力。这就像是将摩天大楼的轰塌归罪到建筑工具，而非建楼时不遵守建筑规则身上一样。

揭穿有关黄金的谣言

货币只是简单反映了经济状况。与建筑工具一样，人们总是责怪黄金导致了经济破坏，但实际上其根源是政府制造的横在贸易之路上

① 附着在海边岩石上的一簇簇灰白色、有石灰质外壳的小动物。藤壶每蜕一次皮，就会分泌出一种具有极强吸附能力的胶，从而使其不但能附着在礁石上，也能附着在船体上，任凭风吹浪打也冲刷不掉。

的障碍。首当其冲的就是美国颁布的“斯姆特－霍利关税法”，我们稍后将在本章予以讨论。对数千种货物课以重税，这种保护主义的有害举动开启的全球贸易大战最终引发了大萧条。随后，各国大幅增加课税，进一步加重了经济衰退。一波货币贬值的浪潮接踵而至。不顾一切想要重振经济的国家彻底抛弃了保持健全货币的理智观念。[7]

金本位制的反对者们也相信，盯紧黄金的行为打开了美国及其他国家的市场，会挤兑黄金的供应量。这种想法也是错误的。关注黄金供应量（或供应不足）本身就是信奉重商主义的君主犯下的共同错误。他们总认为黄金本身就是财富。我们在本章强调的是，黄金的力量在于它是一种有效的衡量尺度。即便一国没有丝毫黄金储备，金本位制一样能够运转。

◎黄金并不意味着货币供应量固定

黄金远非人们所想的那般僵化。它既稳定又灵活。与普遍的观点不同，黄金允许货币基础根据交易与货币需求的变化增长或缩减，同时又能维持币值的稳定。金本位制并不意味着货币供应量必须固定，就像我们采用公制时，并不会限制尺子的数量一样。

白银或其他物品为何不能代替黄金？

为何只有黄金才有此功效呢？毕竟，我们之前讨论过，纵观历史，许多商品都曾被当成货币来使用。然而，黄金是通往稳健货币的最佳之道，因为在地球上找不到比黄金更能维持其价值稳定的东西了。就像北极星始终能为人们指明方向一样，黄金也具有稳定长期的购买力——它们的作用都是恒久不变的。

黄金无法毁灭。你可以冷冻、加热、敲碎甚至熔炼黄金，但你无法毁灭它。它不会腐烂。白蚁、啮齿动物或疾病都无法使它消亡。就算你将其融化，它的化学成分或重量一样不会改变。黄金很坚硬，但延展性很强，可以被塑形成金币或金条。黄金不像我们之前提到过的雅浦岛石币，它将大量价值浓缩到了小巧的体积中，便于使用、易于携带。

黄金不会受到旱灾或丰收的影响，不会像小麦或玉米那般遭遇供给冲击。它不会像石油或天然气那样属于消耗品。黄金一般被做成首饰或其他装饰品，并用于保值。黄金具有一些工业用途，牙医曾用黄金来填补我们的牙齿。但这些不会对黄金的供应量产生多大影响，它只占到每年出产的黄金矿石量中很小的一部分。

所有开采出来的黄金都分毫无损，其总量超过 60 亿盎司。[8] 专家估计，其中九成以上现在都能确定所在，剩下的一些或是被粗心的主人遗失后埋在了地下，或是静静躺在海底。罗伊·贾斯特拉姆（Roy Jastram）在其经典著作《黄金的永恒》（*The Golden Constant*）中说道，"我们今天佩戴的戒指也许含有埋葬在法老时代的颗粒。"[9]

即便是从西班牙殖民地大量涌入的黄金和白银也只造成了年均 1.7% 的价格上涨。[10]19 世纪 40 年代末人们在加州与澳洲等地兴起的淘金热中开采出了大量黄金，19 世纪 90 年代末南非也发现了大量黄金储备。它们造成的供应增加的幅度也较为温和，从未超过 5%——增长率很快就回落到正常水平。[11]

自人类诞生以来，黄金就因其美丽而被所有国家和文化所珍视。它具有自己的内在价值。其他具有内在价值的商品，如石油，就被称为“黑色的金子”。然而，石油供应量的波动幅度太大，无法作为货币锚来使用。更别提它的体积庞大，难以存储且易于损耗了。

那白银呢？几个世纪以来，白银与黄金兑换比例接近；15至16盎司白银相当于1盎司黄金。[12] 中国与印度就曾使用白银作为货币。然而从19世纪后半叶起，纸币的普及导致白银需求量下降。采矿技术的进步也提高了白银产量。白银对黄金的价值开始下降。到19世纪90年代中期，兑换比率下降到30∶1，而现今已跌至60∶1。[13]

所有能替代金本位制的方式都已尝试过了，甚至包括无标准在内。要是真有更好的选择——另一种或一组商品——我们早就已经发现了。因此，为什么非黄金不可这一问题的答案已经不言自明：在人类4000多年的历史中，还未找到比黄金更适合的商品。历史上金本位制的货币制度几废几立，但终会回归。

黄金是最好的刺激

珍妮特·耶伦、本·伯南克及其他凯恩斯主义者已经忘了，19世纪70年代至1914年间，全球金本位制时代所发生的全球经济扩张。在这段唯一实现了货币和谐的插曲中，欧洲国家、日本以及美国都将本国货币与黄金挂钩。

走向全球金本位制时代的进程始于17世纪末的英国，1696年英国的那场围绕货币重铸的争论。英国货币因战乱、古老硬币的裁剪实践以及假币而遭到贬值。造假者将金币的边缘切割下来，把削片熔铸成金条或货币。

到 17 世纪末，英国硬币中 50% 的黄金已经流失。[14] 政府决定，为避免货币危机，英国需要融化并重铸受磨损的货币。通常，这是一次货币贬值的机会。英国财政大臣威廉·朗兹（William Lowndes）打算再次发行硬币时大大降低其币值。受人景仰的政治哲学家约翰·洛克争辩说，这种贬值违反了自然法则，相当于随意侵占财产。伟大的牛顿也反对货币贬值，认为这是对科学的蔑视，这种道德逾矩无异于造假。[15]

最终议会放弃了货币贬值计划，这是健全货币提倡者获得的一场胜利。时任英国皇家造币厂厂长的牛顿正式于 1717 年规定，每 3 英镑 17 先令 10.5 便士（3.89 英镑）可兑换 1 盎司黄金。这一兑换率一直维持到了 1931 年。[16]

当英国开始将英镑与黄金挂钩时，它还只是一个二线国家。但很快一切就发生了变化。

英国引领世界进入黄金时代

到 1815 年拿破仑战争结束之际，英国已毫无争议地跻身世界大国的行列，并成为全球创新中心。18 世纪早期开始势头大增的工业革命到达鼎盛时期。英国为我们带来了诸如蒸汽机、蒸汽火车、棉布规模化生产之类的大量创新。曼彻斯特在制造业中的地位就相当于今天硅谷在高科技领域的地位。

实行健全货币后，美国也经历了类似的蜕变。殖民时期毫无节制地印发纸币及独立战争使得这一年轻共和国的财政一片狼藉。美国首任财政部长亚历山大·汉密尔顿意识到，复苏的唯一希望落在了基于稳健货币的体系上。除了其他倡议，汉密尔顿还设立了一家铸币厂，通过法律将美元与黄金的兑换率固定在了每盎司 19.39 美元。（1834 年这一价值略微贬值为每盎司 20.67 美元）。[17]

一夜之间，经济突然焕发了生机。资本从荷兰以及美国的宿敌英国大量涌入美国。汉密尔顿改革仅百年，美国就超越了英国，跃居世界工业强国之首。尽管混乱的银行体系因政治而陷入困境，并受到政府限制所累，经济还是得到了发展。

受英国成功的鼓舞，并在较小程度上因美国的成功而受到激励，其他国家开始效仿。到 19 世纪末，德国、意大利、西班牙、法国、俄罗斯、日本，甚至连希腊都将本国货币与黄金挂钩。[18]

经典金本位制的终结

经典金本位制时期在历史长河中是一段独特的插曲。此间经历的贸易暴增与创新激增在很多方面甚至超越了今天。人类历史上鲜有人口增长如此迅速、生活水平提高如此之大的时期——或是人和资本能如此自由流动的时期。货币不是全球繁荣的唯一原因；亚当·斯密及与其同样信奉自由市场的思想家们质疑重商主义，他们努力停止政府在经济中的高压手段。19 世纪是经济自由的时代，对资本的流动并未加以任何限制。

伦敦当时成为世界金融中心。英国的投资在美国及众多国家中都起到了举足轻重的作用。包括印度、阿根廷、中国、马来半岛和非洲在内，全球铁路、工厂和农业企业数量激增。[19]

尽管19世纪后半叶出现了一阵保护主义关税，资本的暴涨促成了贸易的繁荣。航运上的长足进步与工业革命带来的技术进步使全世界人民能以更为低廉的价格享受到新产品和新服务，人民生活水平得以提高。例如，冰箱的诞生使阿根廷这样的国家能以更为实惠的价格出口更多牛肉，为其赚取了大量财富。作为全球经济活动中的一部分，几乎一个世纪后的1996年才达到了1914年的国际贸易量；而资金流动则到1999年才与当时持平。[20]

美国的进步尤其令人印象深刻。1870至1914年间，尽管涌入了上百万移民，人民实际收入翻了一番多。农业产量是原先的三倍。安德鲁·卡内基（Andrew Carnegie）应用了新型钢铁技术后，工业生产飙升了682%，令人瞠目结舌。[21]美国大路上纵横交错了上万公里的新铺铁路。

美国并不是唯一一个经历了惊人增长的国家。自1897年采纳金本位制后，苏联的石油与钢产量大增。[22]它成为了吸引外国投资，尤其是其盟友法国投资的一块磁石。手握苏联债券成了法国资产阶级的主要特征。苏联成为世界最大的粮食出口国。一战前，它是欧洲经济增速最快的国家。[23]

军事不再是获取财富的方式。幸亏有了贸易及资本的自由流动，像挪威、瑞士与荷兰等军队人数不多——军备预算不高——的小国，人民生活水平甚至超越了德国和法国。

全球金本位制提供了一种通用的价值标准，并促进贸易，同时也有助于打破原先敌对国间长期存在的障碍。例如，法国就从其主要对手德国那里购得了自己所需的大部分煤炭。[24]这是当时主要的能源物资，也是制造炸药的重要材料。

当时全球的重点是贸易，因此也缓解了拉丁美洲各交战国间的紧张局势。资金大量涌入这一地区，其中绝大部分来自英国。新的机遇吸引了数百万移民，他们对改善生活水平的热衷程度要胜过与邻国作战。南美洲战争的发生率得以下降，因此到1914年，和平而不是战争成了这一地区的主流。1913年，英国作家、国会议员诺曼·安吉尔（Norman Angell）就曾这样评论：

> 看看在南美发生的一切……像巴西和阿根廷这类国家已经被吸引到了国际贸易、交流与金融中来……公信力的提升依靠的并不是这些国家增长的兵力。一个世纪前，他们的军队反而要比现在强。原因在于他们现在明白了贸易和金融才能建立起信用。[25]

其他相互促进的例子不胜枚举。英国与德国的海上竞争并未阻止德国日益增多的商船主向位于伦敦的英国公司投保。[26]

一战前的时代并不是乌托邦（按现今的标准来看，工厂里的生产条件极其简陋），政治风潮不断，但回想起来，它仍是一段无可比拟的极为积极的时期。不幸的是，长久以来的民族主义与政治对抗最终战胜了贸易的进步。奥匈帝国与塞尔维亚间的紧张局势最终引发了一系列事件，成了一战的导火索。其中，德国与奥匈帝国一向具有悠久的军事传统。两国，尤其是德国的军事集团，未能意识到，国力实际上来自于贸易，而非军事实力。当时鲜有领导人能想象得出，仅仅一个世纪后，军队数量缩减很多的德国能获得贸易上的巨大成功，并能在欧洲获得统治地位，而军队更为庞大的俄罗斯则被甩在了后面。

利率更低、资本更廉价、巨大的增长

在现今法定通货命令控制型的体系内，降低利率就需要央行表现出慷慨大方。在健全货币的金本位制下，利率会自然下调。因为出借人能期待获得价值并未缩水的货币作为补偿。

自 1717 年，牛顿将黄金与英镑挂钩后，英国的融资成本大幅下降。英王之前曾后悔无法像财政稳健的荷兰一样，以低息借到资金。1694 年，新成立的英格兰银行以 8% 的利息借给威廉三世政府 120 万英镑。[27] 这已经是给新国王的优惠价格了，但仍比荷兰人 4% 的利息高出一大截。[28]

然而，采纳了金本位制后，英国政府就能够发行利息低至 3% 的不设到期日的债券（当时被称为"stock"）。[29] 到 19 世纪末，该利率降至 2.5%。[30]1821 至 1914 年间，不设到期日的英国政府公债——统一公债（Consols）——平均收益为 3.15%。[31]

与黄金挂钩也意味着英国成了一个更好的投资地。之前，法定通货使君主的花销毫无节制。然而，金本位制就意味着议会——尤其是组成下议院的纳税人们——牢牢控制住了自己的荷包。（与现今的凯恩斯主义者不同，他们清楚地意识到钱不是牙仙①送来的。）

内森·刘易斯写到，19 世纪金本位制时期，贷款机构信心大增："全球利率趋向低水平。人们认为，不论是从信贷违约还是货币贬值的角度，英国的债务风险都是最低的。而其他政府的债务则有少量的风险溢价。"[32]

---

① 根据美国的民间传说，小孩子应把脱落的牙齿放在枕头底下，牙仙回来把牙齿收走并留下一枚银币。

法国与美国的情景也较为类似：1800 年法国央行成立之初，法国政府公债的收益约为 15%。不过到 1902 年就降至 3%。[33] 至于美国，刘易斯则写道：

> 市场认识到，黄金的确能起到最佳的稳定价值标准的作用——正如卡尔·马克思 1867 年所写的，黄金是出类拔萃的。货币稳定反过来促成了经济稳定并为所有金融与经济活动提供了可靠的基础。[34]

金本位制时代下，投资者信心爆棚，所以 1896 年北太平洋铁路修建之时甚至以 3% 的利率发行了为期 150 年的债券！[35]

全球金本位制时代爆发的财富创造热潮丝毫不反常。1946 至 1970 年间，在以金本位制为基础的布雷顿森林体系下，美国的工业产量猛增 209%，年均增长率达到 4.8%。[36] 在后金本位制时期，增长大幅放缓：1970 至 2012 年，工业生产增长了 159%，年均增长率略高于 2%；2000 年至 2012 年，共增长了 7%。[37]

不存在信贷分配

金本位制下，货币成本会比现在略高——毕竟，总不太可能出现负利率吧。但美联储却无法再通过价格控制手段人为压低利率。结果就是：人们能在更广泛的范围内获得信贷与资本。小型企业能以承担得起的价格获得贷款，而不是在几乎接近零利率的环境下无法获取信贷。对多数创造了工作岗位的小企业来说，近些年的信贷像极了由政府配额的医保——理论上是免费的，但是多数时候却可望而不可及。

回归政府问责制

黄金使得政府需要负起责任。要维持稳定的币值，政府就无法轻易通过增发钞票的方式为自己的允诺买单或收买选票。相反，政府必须转向借贷、抬高课税，这些举动都需要得到人民的支持。换句话说，黄金减少了法定通货下可能发生的挥霍浪费现象，因为它确保了支出要付出代价。金本位制倡导者丹尼尔·瑞恩（Daniel Ryan）解释说：

> 政府依旧能够举债，不过无法再利用央行来回避过度借贷带来的后果。这是每个债务人都必须面临的问题：高昂的利息。金本位制会阻止量化宽松政策。因此，它能限制政客们用来获取政治获利的诡计。我们都看到了，将货币与财政量裁权交到政客及其指定人手中之后会产生的后果：长期通胀和长期政府公债。要是采用金本位制的话，政府公债就不会像现在这般失控了。[38]

政府财政从未像经典金本位制时期那般自制。欧洲国家日益民主化并依赖共识，因此预算支出必须更为小心。例如，德国极其渴望能提高军备支出，以便与其对手法国和俄罗斯抗衡，后两者当时正在提高军备水平。德国还打算组建一支海军以便能与英国匹敌。然而，德国政府受到了金本位制下财政原则的制约。

德国将其 GDP 的 2% 至 3% 花在了军备上——与其经济规模比起来，这一比例远低于法国（3% 至 4%）等国。[39] 换句话说，这些数字意味着它能轻易支出更多的钱。在某种程度上，战前的金本位制拯救了联盟国。在最初几周内，德国距胜利只有咫尺之遥。若是没有金本位制，德国的军费以及军事实力都会得到大幅提升。

即便没有了金本位制，稳定货币也能促进财政约束，尽管不一定能达到那种程度。我们在克林顿执政时期就见证了这一切，当时美元基本还是稳定的。鲍勃·伍德沃德（Bob Woodward）在其著作《议程》（*The Agenda*）中引用了克林顿充满疑惑的回答。当时顾问告诉克林顿，要想通过政府支出来刺激经济的话，首先必须削减已达历史峰值的国债，否则将会危及对政府公债的需求及其举债能力。据该书所言，克林顿当时惊呼道，“你是打算告诉我，成功与否，以及我是否能够连任，这些都掌握在美联储和一群该死的证券交易员手里吗？”[40]

克林顿的首席顾问詹姆斯·卡维尔（James Carville）告诉《华尔街日报》：“我过去常常在想，如果有来生，我想投胎成总统、教皇，或是击球率达到四成的棒球击球手。不过，我现在想转世成债券市场了。这样就能恐吓任何人。”[41]

因为金本位制意味着政府需在财政问题上向公众解释其支出的合理性，这一想法一直以来就使大政府的支持者们心生恐惧，因为他们错误地在稳定货币与经济紧缩间画上了等号。我们之前已经指出了，这种想法是错误的：奥托·冯·俾斯麦在经典金本位制时代就在德国建立了现代福利国家。同样，英国也在一战前实施了一系列社会福利项目。

与此同时，欧洲强国也能承担得起大型军事编制。一战前，军事预算在各国 GDP 中只占了很小的比例，这实在是令人惊奇。例如，英国的海军举世闻名，但其海军经费相对来说很小，只占了 GDP 的 2% 不到。

黄金能使政府用更少的税收做更多的事。对政府来说，它能降低资本成本，就像它在宏观经济中起到的作用一样。美国偿还债务变得更容易。它还能带来额外的收益，即增加税收收入，因为金本位制下，尤其是当其与合理的课税和监管体系相结合时，就能繁荣经济。

金本位制能使政府更有效地配置资金。这不一定就意味着需要削减开支，因为在充满生气的以金本位制为基础的经济中，税基通常会更大。

真币意味着实价

经由金本位制实现的稳健货币将意味着，扣除物价因素的收入中位数将再次增加。我们之前讨论过，在法定通货时期，物价上涨而实际收入却在下降。老板支付给你的工资的价值在不断缩水。

金本位制将消除通胀。1821 至 1914 年间，英国生活成本的年增幅为 0.1%。[42] 比较一下美国在 1971 年至 1983 年间两位数的通胀率。1971 年美元与黄金间的纽带被割断，而到 1983 年这一轮的通胀才得以克服。以极度不完美的 CPI 的方式计算，此后的年平均通胀率都维持在 3% 以上。[43] 实际上，这一数字要更高：1971 年在美国汽油的售价是每加仑 30 美分。而现在涨到了每加仑 3.5 美元，增幅显著。[44]

消除通胀并不等同于维持价格稳定。金本位制下的价格依旧会浮动，只不过价格波动是对供求及生产力变动做出的回应。

我们并不是说，黄金能缓和正常的行业洗牌，有时这是可能会发生的，或是说它能阻止由糟糕的政府监管或过度征税所带来的市场扭曲。但是，与黄金相挂钩的货币使市场的交流机制能传递出交易商品及服务的真实价值。换句话说，价格信号不会被扭曲。

在金本位制下，价格的下跌幅度会超过今天，因为商品价格会更低。食品与能源价格会更低，因此在生产过程中大量使用这两者的其他商品价格也会下降。例如，燃油价格下降会减少机票的价格。可以想象，如果油价只有现在的一半，严酷难熬的经济寒冬就会缩短很多。

黄金本可以阻止房地产泡沫以及其他不平衡发展的出现。这些都是在美元贬值导致市场价格扭曲后才发生的。20 世纪 70 年代，石油的价格就不会从每桶 3 美元飙升至近 40 美元，就不会发生勘探狂热，也就不会有 20 世纪 80 年代最终的价格暴跌。金本位制本可以使我们躲过农场、黄铜、商业地产以及金价等领域的通胀灾难——以及美联储实施紧缩政策、市场热度退去之后泡沫的破裂。

乔治 · 索罗斯也许需要换工作了

金本位制下的固定单一汇率将大幅减少投机交易以及由此带来的暴利。我们之前提到过，现今金融市场上的多数投机行为都是对布雷顿森林体系崩溃后造成的价格波动的回应。

资金与才智都会用到那些能够满足人们实际需求的企业中。不再有避税手段及保护性投资。毕竟，如果你不准备打造或佩戴首饰的话，为什么还要投资黄金呢？整个社会将从中获益。

20 世纪 80 年代早期一直到 90 年代的大部分时期，我们都领略过这种滋味。那段时期是半稳健货币时代，尽管金价有起伏，但均价稳定在每盎司 350 美元左右。美国成为世界创新的领袖。鸡尾酒会已从避税之道变为高科技投资的场所。道琼斯工业平均指数从不到 800 点飙升至 11000 点，上涨了 15 倍。短期利率从 21% 左右的高点回落到 5%。[45] 长期政府公债的利率从 1981 年 15.75% 的高点降至 20 世纪 90 年代的略高于 6%。[46]

里根时期的经济繁荣。1982 年克服通胀后，工作岗位激增：接下来的 10 年里共创造了两千万份工作岗位。这一时期美国的经济增长超越了西德的经济总量，成为世界第三大经济体。乔治·吉尔德观察到，这一时期美国在私营领域创造的工作岗位数量超过了日本与欧洲的总和。[47]

尽管当时在能源、农业及商业地产等领域发生了经济萧条，但美国还是取得了上述进步。20 世纪 80 年代，美国经济偿清了 70 年代犯下的投资失误，并伴随着科技、媒体、汽车及其他领域的投资而再度增强。生产型企业获得了更多资金，因为更为稳健的货币降低了借贷的成本。20 世纪 80 年代出现了个人电脑、光纤和移动电话，以及电信技术、有线电视及其他新发明。美国在全球 GDP 中的比重不断攀升。

这场繁荣在民主党执政时期一直持续到了 20 世纪 90 年代。克林顿政府在很大程度上采取的是稳健货币的政策。随后布什政府带领美国走上了美元贬值之路，我们大家现在还在承受其后果。尽管奥巴马政府在言辞上大量批判了布什时期的政策，但他还是在自己前任制定的货币政策上下了双倍赌注。

回归里根与克林顿时期的稳健货币政策意味着可以通过创新创造更多财富。福布斯网站政治经济编辑约翰·塔姆尼（John Tamny）指出，如果美国回归金本位制，那么像乔治·索罗斯这类——或是，就此而言，保罗·都铎·琼斯（Paul Tudor Jones，华尔街操盘高手）或约翰·保尔森——都无法依靠投机活动积累巨额财富；他们得另谋出路了。[48]

塔姆尼相信，要是尼克松没有打破美元与黄金间的联系，"我敢说……这三位（以及他们无数的竞争对手）都能通过开发出旨在提高效率的软件、研究出治愈癌症的疗法和推动现今的汽车这一看起来平庸无奇的出行方式上的进步而变得富有。"[49]

金本位制：四种可能性

现在怎样才能实现这些愿望呢？要实施金本位制需要从几种基于黄金的货币体系中选择一种。许多人也许并未意识到，存在着几种不同的金本位制体系。人们曾使用过其中的两种：一种是经典金本位制，在19世纪70年代至1914年一战爆发期间，世界上最大的几个经济体采用的都是这种体系；另一种则是黄金汇兑本位制，两次世界大战后采用的都是这一种体系。另两种都曾被提上过议程：100%挂钩黄金的货币本位制以及我们口中的金价金本位制。

以上每种都有其支持者与批评者。但总的来说，黄金都是价值的衡量尺度。在此提供一份快速指南也许会有些用处。因为在不久的将来，你可能会经常听到这些名词。

◎经典金本位制

经典金本位制由英国始创，并于19世纪在其他国家广泛使用。国家将本国货币锚定到一定重量的黄金身上。任何人都能将黄金带至银行，按照固定汇率兑换成货币，也能将货币兑换成黄金。经典金本位制时代，国家都拥有黄金储备：金条。多数还持有以实行金本位制的外国货币计价的债券。

黄金覆盖率——黄金储备与货币基础之间的比率——因国而异。然而，可兑换性神圣不可侵犯。一国黄金储备若是减少，就必须采取对策，如提高利率来吸引短期投资，或是削减支出或是提高某些税收幅度以证明政府财政稳健。

与人们的普遍猜测相反，金本位制的运行中并不需要贸易平衡。英国一向具有贸易顺差，并相应成为了世界上最大的资本出口国。与之相反，美国则经历了贸易赤字，并且是一个资本输入大国。然而，美元依旧成功与黄金挂钩。

我们提到过，经典金本位制毁于一战。德国、俄罗斯、奥匈帝国以及奥斯曼帝国间的分裂诞生了无数新国家，随之而来的是他们各自的货币与央行。最后这一体系难以维系。

更具讽刺意味的是，人们还有种错误的观点，认为战时的通胀造成了黄金短缺——没有足够的黄金可以支撑战前流行的那种金本位制的回归。这种恐慌植根于人们长期以来的偏见。人们一直关心黄金的供应量，而不是它起作用的方式。要是这些国家能简单地以战后货币价值将其锚定黄金，它就能重新成为衡量标准。人们想象中的黄金短缺很会就会消失。然而，人们的解决方案是抛弃现有体系，转向一种新的金本位制：黄金汇兑本位制。

◎黄金汇兑本位制

黄金汇兑本位制被视作是所谓的黄金储备短缺的解决之道，因为较之经典金本位制，黄金汇兑本位制下持有黄金的国家数量可以减少。美元与英镑能直接与黄金挂钩，而其他国家可以不再使用金条，而是将本国货币与美元或英镑挂钩。政府储备不仅可以包括黄金，还能包括美国与英国的政府公债。

各国对此并不介意。与一摞摞的金砖不同，债券是有利息的。政府储备不费吹灰之力就能增长。如果想要获得黄金，政府可以将自己储备的美元与英镑兑换成黄金。

但是，过去与现在的金本位制纯粹主义者都对政府将自己储备中的黄金换成债券这一举动感到震惊。他们认为政府必须储备实物黄金，而这种杠杆运作会带来通胀，也就比金字塔骗局稍好一些罢了。批评家们至今仍认为，在这些瑕疵的影响下信贷创造过度，最后导致了 1929 年的灾难。这种对市场的解读是错误的，因为市场的发展是由公司利润令人难以置信的增长带来的。而美国遭遇大萧条的原因是其颁布了“斯姆特－霍利关税法案”。稍后我们将就此进行深入讨论。

我们之前提到过，另一种金本位制是布雷顿森林体系，它出现在二战即将结束之际。当时，美国的黄金储备量超过了其他国家的总和。因此，只能将美元与黄金直接挂钩，而只有政府或央行才能将美元兑换成金条。其他货币都紧盯美元。

问题就出在这里。当 1971 年尼克松关闭了黄金兑换窗口后，与黄金挂钩的货币首次消失于世。这就使得重新对金本位制作出安排变得极其困难。请记住，在英国、美国及其他国家将本国货币锚定黄金后才出现了经典金本位制。要是美国遵守经济规则，并能理解如何管理该体系的话，布雷顿森林本是可以正常运作的。

◎ 100% 挂钩黄金的货币本位制

一些金本位制支持者提出可以建立一种货币百分之百由黄金支撑的体系。这与经典金本位制不尽相同。它只覆盖了货币储备的一小部分；大家普遍认为，并不是每个人都自发地想要将手中的纸币兑换成黄金。这一体系有点像现代的部分准备金银行制度，即银行将大部分储户的存款放贷，只在手中保留一小部分作为货币储备。

批评家对这种金本位制心存不满的原因与部分准备金银行制度及其杠杠作用大体相同。一些人认为金本位制应要求黄金能 100% 覆盖所有货币储备。在 100% 覆盖的体系内，黄金应能支撑起所有货币存量，使其能全部兑换成黄金。该体系的支持者之所以热衷这种想法是因为他们相信，这将消除银行挤兑及系统失灵的风险。如果依靠杠杆原则就可能会面对上述风险。银行应保有黄金储备，以便能将储户的存款百分百兑换成黄金。

支持者还坚持说，因全球黄金供应量以每年 2% 的速度增长，按照长期经济发展的速度，100% 挂钩黄金的体系将不会出现通缩。遗憾的是，他们的想法是错误的。原因如下：假设你以市价将美元与黄金绑定，而市价现在每盎司 1200 美元至 1400 美元间浮动。考虑到美国现有的黄金储备是 2.61 亿盎司，这就意味着货币基础总量——流通的货币加上在美联储的银行准备金存款——不会超过 3250 千亿美元。也就是说现有的货币基础需要大幅瘦身，需要用一次通缩来终结所有的紧缩。即便在美联储的量化宽松政策前，美国的货币基础也已稍低于 9000 亿美元。而现今更是达到了 4 万亿美元。

有人回应说，我们可以借鉴富兰克林 · 罗斯福（Franklin Roosevelt）的做法，将黄金的美元价格抬升至每盎司 1 万美元以上。他于 1934 年将美元与黄金的比价从每盎司 20.67 美元贬值至了每盎司 35 美元。如果这么做，就会适得其反，我们面临的就是相反的问题了：德国魏玛式的通胀。

这种理念一个更为现实的版本是设立一个与黄金挂钩的联系汇率制。联系汇率制已有超过 150 年的历史。政府通常使用一种稳健的或广泛使用的货币来支撑其本国货币，并完全以该种货币为基础。包括丹麦、保加利亚和立陶宛在内的一些国家就采用了该种体系。自 1983 年起，香港就采用了挂靠美元的联系汇率制。在上述国家和地区，其货币基础完全由欧元、以欧元计价的债券以及一些黄金组成。它们的政府不具备相机决策的能力。人们能以固定汇率将手中持有的本国货币兑换成欧元，反之亦然。他们的国内货币需求完全是由人民的需求决定。

那为何不采取这种基于黄金的安排呢？约翰 · 霍普金斯大学的经济学教授史蒂夫 · 汉克是联系汇率制方面的世界级专家，他曾协助保加利亚及其他国家设计了这些体系。他简要概括了该体系的运作机理。该汇率制不使用货币，而是“采用黄金储备或是以黄金计价，或是能规避法定通货下金价浮动的评级较高或流动性较高的证券”。

我们能够发现，联系汇率制对小一些的国家来说是适用的，但对于像美国这样的大国来说就不太实际，因为很难拥有 100% 挂靠的美元。而且我们也说过了，没有这种必要。

◎金价金本位制

这种新型的金本位制体系是由众议院泰德·波在立法中提出来的。[50]该体系使用黄金作为一种严格的价值尺度，并且不再需要国家持有黄金储备。它是浓缩的精华。假设美元将以每盎司1200美元的价格与黄金挂钩。如果市价超过了这一水平，美联储就会采取公开市场操作，抛售债券，以便从银行体系中提出储备，直到比价回落到每盎司1200美元。反之，如果价格跌至1200美元以下就采取相反行动。美联储会购入债券，将现金回收至银行系统。路易斯·伍德希尔在福布斯网站上写道，该体系的优点在于投资商无法通过将所有黄金供应全都收入麾下来攻击货币体系。[51]而且我们之前说过了，该体系的运作不需要黄金储备。

这种方法的关键挑战是如何设定美元与黄金间的兑换比率。如果比价定得过低，比如每盎司400美元，就会面临为经济带来通缩冲击的风险。1925年英国就发生过这种情况。也许最佳之道是取10年甚至是5年内的美元与黄金比价的均值，再上浮10%作为防范通缩的保险，然后保持这一比价不变。

21世纪金本位制

美国若是打算重振经济雄风，就必须通过金本位制回归到稳健货币的传统。我们在下面提出了一种适应21世纪的新型金本位制体系。它结合了传统体系的基本观点，将黄金作为价值尺度，同时又避开了它的脆弱之处：不再存在操纵利率、不再错误地关注收支平衡、不再担忧谁会购入美国国债、也不用再担心何处还会发现大型金矿。

美国无须担心黄金的储备问题。它只需坚定意志，知道如何捍卫美元与黄金间的比价就够了。下面列出了该体系的几个基本特征。

◎美联储将维持固定的美元价值

21 世纪金本位制会以特定价格将美元与黄金进行绑定。我们之前提到过，可以在近 5 至 10 年黄金均价的基础上进行一定的上浮，以对抗通缩。美联储将动用其工具，主要是公开市场操作来保证美元以固定的比率绑定黄金。

◎分批次逐步推行该计划

整个制度建设进程应控制在一年之内。政府需要宣布金本位制生效的具体日期。渐进式的实施过程将有助于市场为回归基于绑定黄金的货币做好准备。由于无需再担心将来会发生通胀，金价会更自然，从而更容易实现美元与黄金间的比价。过渡时期能使金融机构与投资者调整对未来利率的预期，更改投资策略以应对稳健货币的新环境。全球市场也会做出类似调整，允许美元围绕黄金上下浮动 1%。在布雷顿森林体系下，其他货币兑换美元的汇率就在这一范围浮动。

◎通过法律巩固金本位制

为最大程度地减少央行实行“相机决策权”的倾向，21 世纪金本位制的监管程序需要编入法典。立法还需禁止美联储操纵利率的行为。美国央行将无法再使用其工具来修正联邦基金利率，即一家银行向另一家借入储备时所需支付的利息。美联储依旧可以在其贴现窗口为向其借款的银行设定贴现率。这项费用不应低于类似的到期债券的自由市场利率，以免银行利用这一窗口获取廉价的资金来源，再转手放贷。

◎消除替代货币的使用障碍

消除国内替代货币使用的障碍将有利于保证政府遵守规则。其他具有竞争力的货币的崛起向美联储发出了另一种信号，提醒它去捍卫美元。毕竟，人们是因为便捷才使用美元的。而考虑使用其他货币就意味着对美元健全性的不信任。

允许存在货币多样性，就无需像现在这样，因出售金条银锭而征收税收或政府费用。资本利得税也将被禁止。现在折磨着金条银锭买家的繁琐的报告规定也会被禁止。个人也能发行替代货币。

◎如有必要，将恢复黄金与美元间的兑换通道

21 世纪金本位制将允许人们以固定汇率通过政府将美元兑换成黄金，或是将黄金兑换成美元现金。1933 年前，除了战时外，美国人曾有过这种权利。在布雷顿森林体系下，这种权利被剥夺了，那时只有其他国家的央行才能用美元赎回黄金。尽管这种可兑换性并非是必要条件，但如果美联储未能履行其维护黄金与美元间汇率稳定的法定义务，就能再增添一道保障来保障货币稳健。

有关新标准的立法不会像不久前那样采用正式的黄金准备金，相反它也许会详细规定美国可以收走所有人手上的美元。除此之外，假设黄金存量一旦少于 5000 万盎司（现在的存量是 2.61 亿盎司），美国政府就将需要重新补充其黄金存量。每年将对美国的黄金存量进行审计，美联储自己也会这么做。政府将以 2% 或更高的手续费对黄金

与美元间的兑换收取费用，这样就不会与私人经销商产生竞争。

◎其他货币将紧盯美元

一旦美元与黄金挂钩，如果只是为了寻求方便，其他国家的货币将挂靠美元。无数拉丁美洲与亚洲国家已将本国货币与美元紧密看齐，因为这么做能使他们与美国间的贸易和投资变得更为容易。当前的任务之一是要确保这些政府知晓如何捍卫本国货币与美元间的联系。1997 至 1998 年亚洲金融危机期间，我们已经不止一次地看到不少央行完全不知道面对投机行为时该如何捍卫本国货币。当然，如果一国想将本国货币直接与黄金挂钩，而不是挂靠以黄金为基础的美元也未尝不可。结果是一样的：汇率稳定。

◎美联储仍将起作用，至少现在是这样

美联储将继续扮演最后贷款人的角色，并负责处理 911 类似事件可能带来的恐慌。

关于共同关心的黄金问题

有人可能会问，既然金本位制有如此之多的强大优势，美国为何不在布雷顿森林体系结束后的几十年间回归金本位制呢？原因之一就是，掌控政策制定的凯恩斯主义者和货币主义者残忍地将黄金拒之门外。罗纳德 · 里根于 1981 年设立了黄金委员会。他一直坚信稳健货币的作用。[52] 与约翰 · 肯尼迪一样，里根知道，借用肯尼迪的话，美元必须“极为可靠”并且一个伟大的国家必须拥有稳健的货币。不幸的是，他无法战胜自己的顾问团的意见。除了知名经济学家阿瑟·拉弗（因拉弗曲线闻名于世）外，这些顾问一致反对金本位制。如果他当时能坚持下来，我们现在也许就已在金本位制下运行了。

由于未能就金本位制展开真正的讨论，所以围绕着它的传言与误解一直挥之不去。我们在下面列出了一些经常提出的问题。

◎金价波动幅度过大，不宜成为可靠的货币锚

反对者们以金价的浮动作为证据，指出金本位制会带来价格不稳。2010 年，克里斯·比姆（Chris Beam）曾在 Slate.com 上表达了自己的忧虑：

> 金价不稳，这一点臭名昭著——金价在过去两年间翻了一番。如果美联储简单地以某天的金价将美元与黄金绑定，而人们对黄金的需求发生了剧烈变化，就将对经济造成严重破坏。例如，如果美联储定下的汇率过低，人们就会想将手中的美元兑换成黄金，从而迫使美联储提高利率，以增加美元的吸引力。就算美联储选定的汇率适中，它仍需根据美国贸易伙伴的经济状况做出调整。如果美元价值上升，但别国货币价值下降，而两国都紧盯黄金，就必须做出一些让步——要么一国货币必须通胀或通缩，要么汇率必须进行调整。[53]

先不考虑人们对汇率的误解。（根据定义，如果两种货币都紧盯黄金的话，它们之间的汇率就是固定的）。比姆显然并不清楚金本位制的基本操作方式。金价只有在不与美元绑定的情况下才会浮动。请记住，正是黄金的内在价值才使其成为不稳定货币时期，出逃的投资者的避难所。金价中的很大一部分反映了人们对于通胀的预期，以及对未来纯粹的不确定性。如果美元本身稳健，那就没有遁入或出逃黄金市场一说。

1980 年，当人们担心美国无法控制日益严重的通胀时，金价很快从每盎司 220 美元飙升至每盎司 850 美元。一旦人们情绪平复，价格就跌至了每盎司 330 美元。2011 年，金价冲至历史最高值，达到每盎司 1900 美元。[54] 自后价格就一路下跌。

确定一个合适的金价还是有可能的，既不会为通胀火上浇油，又不会发生经济倒退，就像一战后英国所做的那样。说到我们的贸易伙伴，也请不要忘了，19 世纪 70 年代，世界各国自愿效仿英国采纳了金本位制——并因此获得了经济繁荣。

◎没有足够的黄金来维持现在的金本位制

批评家们抱怨说，美国现在只有 2.61 亿盎司黄金，市值约合 3250 亿美元。而货币基础超过 4 万亿美元，使用最广泛的货币供应量指标 M2 接近 11 万亿美元。而货币供应量流动性最强的 M1 总量为 2.6 万亿美元。[55] 他们认为，如果美元以现价绑定黄金，那么我们就会经历残酷的通缩。和它比起来，20 世纪 20 年代英国的经历就只是如外出郊游一般风平浪静。

他们并未意识到，能使黄金起作用的并非是其供应量，而在于它能够提供一种稳定的价值尺度。你无需为了使金本位制能运转而囤积满屋子的黄金。就算是在经典金本位制的鼎盛时期，也没有哪个国家的黄金储备能百分百支撑起其货币总量。英国的黄金储备一向较低，而各国的黄金储备量也千差万别。(我们之前提到过，即便没有分毫黄金，也能将货币与黄金挂钩。)之前我们解释过，以我们现有的货币供应量，21世纪的金本位制该如何运行。如果美国打算放开黄金与美元间的兑换——允许人们拥有以固定汇率将美元兑换成黄金或是反之的法定权利——美国政府的黄金储备依旧足够，即便美联储的资产负债表膨胀不堪。

◎金本位制太过刻板

这里的误解是人们认为金本位制会阻碍活力无限的经济的发展，因为固定的金价将束缚住政府的手脚，阻碍货币供应量的增长。然而，黄金远非批评家们所想的那般刻板。

1775年至1900年，美国人口从400万增加到7600万。[56]那段时期，美国从主要的农业大国成长为工业巨头。在这一过程中，全球黄金供应量增加了三倍多，而美国的货币供应量暴涨了160倍。尽管当时美元也与黄金挂钩。

金本位制使货币供应量能在充满活力的经济中自然增长。请记住，黄金作为衡量尺度，其价值是稳定的。它并不会限制美元的供应量，就像英尺与英寸间的转换并不会影响经济中会用到的尺子数量。

要是遭遇了一场像巨大的金融恐慌那样的危机时需要紧急注入流动性呢？ 19世纪60年代经典金本位制时代，英格兰银行创造了最后贷款人这一概念。如果美国回归金本位制，美联储很容易就能起到类似作用。在其贴现窗口，银行仍旧能通过提供优质抵押品来获取紧急贷款，利率最好高于市价，这样借贷机构能尽快可行地清偿贷款。不过在金本位制下，这种情况发生的可能性极低。知名货币专家内森·刘易斯在福布斯网站上撰文写道，稳定货币从未引发过任何金融危机。[57]

◎黄金引发并延长了大萧条

反对黄金的言论还将大萧条怪罪到黄金身上。人们认为，由于担心会在英国发生挤兑黄金的恐慌，美国没能提高利率以遏制 20 世纪 20 年代过热的股票市场。据说，由此造成的结果是信贷泡沫以及虚假膨胀的经济，并最终引发了 1929 年的崩盘。此后，黄金显然阻碍了政府复苏不断下滑的经济。

这是一派胡言。引发大萧条的原因是1930年6月美国实施的“斯姆特－霍利关税法案”。股票市场总试图预测未来。这项立法空前绝后、糟糕透顶，对超过 3000 种项目征收的平均税额高达 60%。当发现关税税率将达到历史峰值，并会带来毁灭性后果，但国会还将通过这一立法后，股市当即受到打击，并于 1929 年 9 月至 11 月崩盘。当短期内有迹象表明关税法案可能会被废止时，股市强力反弹。1929 年末时股市已基本恢复到了年前的水平。接着这一法案正式实施，股市再次下挫。显然其他国家留意到了这一切，并准备了报复性措施。

“斯姆特－霍利关税法案”的实施引发了全球贸易战，它对全球贸易产生的破坏不亚于 1914 年开始的军事敌对。政策制定者们并不清楚这一切的根源到底是什么。他们对此做出的回应主要是提高所得税，却因此加剧了经济下滑的趋势。英国于 1930 年和 1931 年两次提高所得税。德国遭受的打击巨大，因为它的经济严重依赖贸易。德国课以严税，加重了经济颓势。1932年春，美国通过了大规模增税的法案，这一行为可以追溯到年初。所得税率的增幅几近天文数字，最高税率从25%涨至63%。[58]支票印花税是这些愚蠢行径的一个缩影，人们纷纷从早已陷入困境的银行中支取现金。这项严酷的立法甚至还包括提高糖果和电影票等物品的消费税。

批评家回应说，英国在1931年末废除金本位制后，经济就止跌了。当然，我们之前已经说过了，货币贬值最初确能刺激经济发展。但此举使贸易战升级，最终加深了破坏程度。自英国货币贬值后，至少有20个国家如法炮制。1934年美国也照做了，意大利和比利时亦是如此；1936年法国最终也将法国法朗贬值。[59]他们称此为以邻为壑的贬值方式，最终对全球经济造成了伤害。最终这场游戏中没有出现任何赢家。这一经历迫使联盟国和中立国在1944年齐聚新罕布什尔州的布雷顿森林，创立了以黄金为基础的新型国际货币体系。

◎投机商会削弱金本位制

批评家们提出质疑，在当今的全球市场中，是否能够维持美元与黄金间的固定比率。因为电脑技术使得巨额交易成为可能，经验老到的投资商能够获得巨大的资源。例如，1992年英镑与德国马克绑定。以乔治·索罗斯为首的投机商们通过借入英镑，然后用这些英镑买入马克的方式来攻击英国货币。[60]在英国政府为了拯救英镑可能会将利率翻番的时候，倍感羞辱的政府低头认输，浮动了英镑。[61]索罗斯等人随后抛售了马克，赚得的英镑超过了他们当初借到的，将数十亿美元收入囊中。

与黄金挂钩的美元难道不会同样易于遭到攻击吗？答案是：只要

政府知道如何捍卫本国货币，就不会发生这种情况。该怎么做呢？动用货币储备购入本国货币，并通过减少货币基础的方式来维持其利率。

2009 年初，卢布遭到投机攻击。俄罗斯购入卢布，并缩小货币基础，对卢布的攻击以失败告终。[62] 面对针对与黄金挂钩的美元的攻击，坐拥大量资源的美国足以发起俄罗斯那样的防御。

◎固定美元与黄金间的汇率就是价格管制，因此是反自由市场的

设立固定的度量衡对保持市场自由公平来说至关重要。我们不会放任由市场每天来决定一盎司等于多少磅，一英尺相当于多少英寸或是一小时由多少分钟构成。同样，货币也是一种价值的度量单位。

◎设定美元与黄金间的新比价太过困难

金本位制的批评家们经常挂在嘴边的一个例子是尽管战时的通胀已使生活成本翻番，1925 年英国仍错误地以一战前的价格将英镑与黄金进行绑定，之后痛苦的通缩就开始扰乱英国市场。

只要英国政府简单地以战后价值将英镑与黄金挂钩，这种错误就不会出现。错上加错的是，政府并未对战时的高额课税做出任何调整，这也抑制了经济的增长。在设定黄金与美元间的比率时，我们还需牢记托马斯·沃尔夫（Thomas Wolfe）[①] 的名言“你回不去了。”

对美元而言，金本位制必须以现在的价格为基础。比如说，我们无法以每盎司 35 美元或甚至是 350 美元的价格来绑定美元，因为那

① 20 世纪美国文学史上最重要的小说家之一，在大萧条时期创作过多部反映美国社会变迁的作品。

是 20 世纪 80 年代与 90 年代盛行的价格。

然而，现在设定比价的主要挑战在于过去几年中人们是因为担心通胀才购入黄金。解决办法就是必须在加以计算时，除了要考虑抗通胀债券的价格之外，还需将黄金的期货市场也考虑进去。这是避免比价过低的关键。为确保名义工资不下降，比价稍稍高一些是至关重要的。不论采纳哪一种方式，关键是要设定一个价格，这样人们就知道应遵守何种规则，而经济也能再度发展。

金本位制并不完美。况且世间不存在完美无瑕的体系。币值波动的货币会引发系统性金融危机和货币危机，但稳健的货币从未带来过这些。如果我们打算面对挑战，避免现今面临的危机，黄金就是我们最好的希望。

第七章

困境求生：在货币不稳定时保全财产

在投资问题上，情绪化是最大的敌人。

卖出，你将会后悔不已，
买入，你一样悔恨万分，
持有，你同样焦虑不安，
若是置之不理，
依旧是种自我折磨。
——一句华尔街老话，引自马克·史库森的《投资一堂课》

至此，你也许已经开始思考：现在该怎么办呢？阅读本书之际，你的财富价值就已在流失。假设2000年时你有10万美元现金，并且未将其用于任何投资项目，那么到2013年，你实际持有的货币价值已缩水至7.4万美元。[1]没错，你的财富蒸发了26%。而且是在过去十年通胀率较低的情况下。

我们相信，美元逐渐崩溃所引发的经济及社会后果迟早会促使全世界重新意识到稳定货币的必要性。不过目前，这一切还未发生。问题是值此之际，我们该做些什么。

现今，投资的首要目的不应是致富，而应是保值。这是关乎生存的问题。具有讽刺意味的是，美联储在操纵货币时从未想到过，这会使人们摒弃传统的财富保存方式——储蓄。你不会把钱存入几乎不支付利息的银行。华盛顿的决策者们总责难说风险是恶魔，而他们的监管，更别提他们对利率的人为抑制，迫使我们动用了风险更高的投资工具和策略来保存自己的财富。

下一个问题是：什么才是最佳的财富保值之道？与一些“专家”的建议相反，世上不存在万全之策。想想这个严峻的现实：大部分职业投资经理都跑输了大盘。鲜有共同基金的收益能一直超越道琼斯或标准普尔500指数。[2]市场主要由投资经理与个体投资者构成。从定义上来说，他们就是市场中的一个类别，因而无法超越市场。与盖瑞森·凯勒（Garrison Keillor）幻想中的沃布冈湖镇（Lake Wobegone）①不同，现实中并非人人资质优良。

20世纪70年代中期，通胀席卷全美乃至世界。《福布斯》杂志选用了沙漠之中置于伞下的一块冰作为当时某一期的封面，配图标题是："通胀：如何保护你的财产。"我们在开篇即很快承认："我们无法撒谎。考虑到税法及现今致命的通胀率，对个体投资者而言，并无可靠之法能保住其资产，就更别提通过投资使之增值了。要是有人对你所述之言正好相反，那你可要看紧自己的钱包了。"[3]

这条忠告虽然朴实但却极为明智，至今仍然适用。在货币不稳定的环境下，我们唯一能确定无疑的只有不确定性本身。即便是最睿智的投资者，也无法避免蒙受因政府意料之外的不必要失策而带来的经济破坏之苦。约翰·保尔森预见到了次贷崩溃，并通过衍生品交易赚取了数十亿资产，由此闻名于世。过去十年剧烈动荡，最终保尔森也在2011年和2012年栽了跟头。

短期内是利好消息，但……

美联储的削减政策及提高利率的举措增加了信贷量，预计短期内经济将持续复苏。那些因储备金额接近天文数字而显得臃肿的银行开始

① 沃布冈湖镇是美国作家盖瑞森·凯勒虚构的城镇，住在那里的成年人强壮貌美，所有儿童的智商高于平均水平。

恢复贷款。这是否会引发一些人所担忧的通胀则要取决于美联储的表现。福布斯网站撰稿人路易斯·伍德希尔准确观察到："现在，美联储正在推行完全相机抉择的货币政策……无人能预知它何时又会心血来潮。"[4]

然而，能将你的财富蚕食殆尽的破坏因素远不止通胀这种隐形税。由"平价医疗法案"或政府实施的金融财产没收所带来的新税和新规均榜上有名。这已成为一种令人担忧的全球趋势。如塞浦路斯那般掠人财产的行径也在他国上演。美国国内甚至出现了限制退休金账户——401 计划[①]的呼声，尽管这些都是个人财产。

激流当前，我们会为你领航。不过我们的建议无法将你送上福布斯全球亿万富豪排行榜。事实上，上榜的投资者相对较少。大部分亿万富豪的财富都是靠自己创办企业或向他人企业融资积累起来的。然而，本书所提供的信息与建议只能助你保有并增加自己的财富。

要实现这一目标，并不需要依靠复杂的对冲基金、股权基金，或甚至是风险投资基金，也不需要奋力申购炙手可热的新股。你只消照着简单的几步照做就行了。如果你真是长线投资者，那只要按我们所给的建议行事，就终会获得回报。事实上，你会做得比大部分职业投资经理都要好。

2008—2009 年的恐慌证实了一件事，即不一定非得是藏身地下掩体的活命主义者，才会关心潜伏在这个不稳定货币横行年代中的灾难。始于 2007 年末，终于 2009 年初的熊市造成了毁灭性后果，但它却不一定是某些人曾预言过的末世。然而对很多人来说，末世的

---

① 1978 年美国在《国内税收法》中新增了第 401 条 K 项条款规定，建立了一种由雇员、雇主共同缴费的完全基金式的养老保险制度。401K 计划于 20 世纪 90 年代迅速发展，逐渐取代了传统的社会保障体系，成为美国诸多雇主首选的社会保障计划。

情景可能也不外如是了：两大主要股指，道琼斯工业指数和标准普尔500指数，市值蒸发了54%。数以百计的个股损失更为惨重。[5] 广受数百万投资者欢迎的创收工具——房地产投资信托下跌了75%，众多房产信托呈现出崩盘之势。[6] 银行股集体下挫80%，很多此类机构中的股东利润全失。[7] 仅仅17个月，一切都遭到了严重破坏。

这场金融危机与卡特里娜飓风①有众多相似之处：大多数人并未意识到即将来袭的风暴破坏力有多大。就像事先准备好飓风应急包一样，采取些金融防范也不为过。

一些问题及解答

◎如何保护自己？

我们的建议是：将5%—10%的财产投入通胀保值债券，5%—10%兑换成现金，5%—10%换成金币或金条，余下的全部投入股市。下面是针对每个投资类别所给出的一些建议。

（1）通胀保值债券：这些低风险债券显然毫不起眼，但因为它们的票面价值会随着通胀而上涨，所以在通胀时期是一项谨慎的投资。它的利率固定，每半年支付一次利息。你可以通过TreasuryDirect.gov向政府购买该类债券。通胀保值债券100美元起售，购买时以100美元为单位递增，分别有5年、10年和30年期。

---

① 2005年的卡特里娜飓风造成最少750亿美元的经济损失，是美国史上破坏最大的飓风。这也是自1928年奥奇丘比飓风以来，死亡人数最多的美国飓风，至少有1836人丧生。

（2）现金：你必须在手边留 5%—10% 的现金，以备不时之需。通常，熊市时你手上现金过剩，而当行情转好时又会错失良机。牛市时人们的信用卡透支均较为严重，一旦遇到信贷紧缩就会陷入困境。

（3）黄金：我们说的黄金是金币或金条。持有黄金的目的不是投资，而是要给自己买一份保险。当政府决策失误，货币完整性遭到损害时，传统投资或储蓄渠道的真正价值将受到侵蚀。不过你可以稍稍获得宽慰，因为黄金的票面价值将会上升。

我们稍后即会讨论，过去几年的经历都强调了将黄金作为一种投资工具有多靠不住。想想过去几年中受电视广告“忽悠”而购入黄金的人所遭受的损失。2010—2011 年，人们真正担心的是美联储不断膨胀的资产负债表是否会再次上演 20 世纪 70 年代的通胀。当美联储的量化宽松政策并未能给经济带来起色时，金价从顶峰急剧下跌。

将一小部分财产转换成黄金是应对美元疲软的措施。例如，在始于 20 世纪 60 年代末，终于 80 年代的通胀期内，金价从 1980 年初的每盎司 35 美元短暂飙升至 850 美元。与此同时，股价则下滑了。

尽管，随后发生的事情才是导致你不愿将黄金当成传统投资渠道的原因。1982 年夏，美联储开始扼杀通胀，黄金价格跌破每盎司 300 美元。接下来的 20 年里，金价维持在每盎司 350 美元上下。[8] 只有头脑灵活的投机者才能在这种环境下获利。

（4）股票：尽管股市反复无常，它仍是你的朋友。股票是绝佳的长期投资，也是不错的短期投资。考虑到最近的一系列事件，这也许与我们的直觉相抵触：2008—2009 年可怕的暴跌、像伯纳德·麦道夫

（Bernard Madoff）[①]那种令人发指的欺诈、无休止的内幕交易丑闻、事实上可能会使股市关门大吉的闪电崩盘和技术故障，以及所谓的（不真实的）高频交易员操纵市场等事件。

现在让我们来看一看事实：100多年来，股市的年均回报率大约在9.5%（5%来自股价的升值，4.5%来自于股息）。[9]这一均值已经将经济大萧条、两次世界大战、数不清的经济衰退，以及无数的市场调整都包括在内了。

显然，取得这9.5%的增长并非一帆风顺。1966至1982年间，道琼斯指数止步不前。考虑到通胀，它实际损失巨大。另一个广泛使用的指数，标准普尔500指数表现稍好，但也没占到什么便宜。不过，经济最终开始好转。1982至2000年，道琼斯指数升值了15倍。[10]

从2000年起，股市连续遭遇两次重大熊市——2000至2001年、2008至2009年。后者的经历尤为惨痛。然而，截止2014年初，较之2009年初的低谷时期，股市仍翻了一番多。

如果你有勇气冲高峰、探低谷，最终就能得到回报。设想一下：假设你在二十几岁的时候在股市投入1万美元，作为与个人退休帐户类似的延税帐户，并将股息与资本收益再投资，而不做任何直接存款，等你到六十多岁时，积累起的财富就会超过35万美元。70岁时，资产将超过50万。即便存在每年3%的平均通胀率（假设的话），你仍旧占了上风。[11]

再假设你二十几岁刚开始工作时，每月往这个账户里存100美元。到70岁时，你的储备金就将近100万美元。据说爱因斯坦曾说

① 前纳斯达克主席，美国历史上最大的诈骗案制造者，其操作的“庞氏骗局”诈骗金额超过600亿美元。

过，复利是最大的奇迹。他说的没错。

◎当股市近期波动不断，经济受日益增多的管理规定与企业限制所累时，为何人们仍对股市信心满满？

请不要忘了，一个多世纪以来，股市的年均回报率都超过了 9%。在 1929 至 1932 年间的大熊市中，道琼斯指数几乎下跌了 90%。[12] 这是史上最严重的灾难。股票可能会遭遇重创，但其价值终将回归。

股票代表着企业的所有权。在美国，自由企业总会获得成功。美国人民已经展现出了惊人的实力，能在美国经济严重偏离正轨的情况下，将其引回正途。在面对被戏称为“奥巴马医改”的“平价医疗法案”时，我们看到人们的态度发生了戏剧性转变，开始从支持中央计划转向赞同自由市场。“奥巴马医改”是自禁酒令以来最为失败的社会实验。美国这个热爱自由的务实之邦最不能容忍的就是失败。

◎美国政府真的会废除像 401K 计划这样的退休金账户，或是像塞浦路斯那样，侵占人民存款吗？

奥巴马政府已经就限制像 401K 计划或个人退休账户这类私人账户一事高谈阔论了。目的就是为接下来动用这笔钱制造声势。政府也许打算通过新的规章制度来实现这一目的。依据多德 - 弗兰克法案，新设立的消费者保护局就负责制定这些制度。这个隐匿在美联储内的庞大官僚怪物既无问责制，也不受国会监督。

人们终会发现，这一机构是违宪的。但同时，它也能带来许多伤害。政府也可能违背对罗斯个人退休账户 ① 所做出的承诺。现在它让

① 罗斯个人退休账户是由参议员威廉·罗斯（William Roth）倡议并通过的一种个人退休账户。

你将税后收入存入银行，并允诺日后支取时无需缴税。但真到了那一天，又会通过法律规定存款也需缴税。

我们已经见证了塞浦路斯、波兰、匈牙利和阿根廷对人民财产厚颜无耻的掠夺。[13] 在智利，如今中坚的社会党总统领导下的智利也许会针对 30 年前就已私有化的个人社保账户做出一些举动。[14]

在美国，这种攫取个人财产的企图将会引发激烈反响。如果你还不相信？看看政府为了支持允许公民持枪的第二修正案时都做了些什么吧。

选定股市投资策略

你应该备有两套投资策略。一套是保守型策略，目的是为退休保存、积累财富。就算已年近花甲，也为时不晚。

投资退休基金时，你的目标应该是不输于市场。投资整个市场、经历市场喜悲的最好方式是投资指数型基金。指数型基金是由史上最伟大的投资英雄之一、先锋集团创始人约翰·博格尔（John Bogle）创立的。先锋集团是低管理费运营方面的佼佼者，现已成为全球第二大共同基金公司。毕业于普林斯顿大学的博格尔注意到，个体投资者总是这场投资游戏中的输家。这种令人沮丧的趋势源于其成本巨大，并且长期无法把握住时机。

他给出的答案是：先锋集团 1976 年创办的第一支指数型基金。该基金旨在模拟一个更为广泛的股市指数，即标准普尔 500。尽管面世之初受尽嘲讽，但指数型基金现在极受追捧。[15] 有针对全球主要市场指数的指数型基金，也有专注于像银行、制药公司和科技公司等各行各业的指数型基金。有的囊括了全球所有公开上市的股票，也有的只覆盖了仅在个别国家发售的股票市场。除此之外，还有各色各样的指数债券型基金：美国国债，高级公司债券，垃圾债券，短期、即期和长期债务证券，以及上述基金的各种国际版本。

指数型基金的优势就在于，个股并不像在传统共同基金中那样活跃地交易。因为不需要许多经纪人与分析师，所以它们的成本更低。先锋 500 指数型基金的支出只有 1%（或 17 个基点）的六分之一，而传统的共同基金至少需要 1.5%。[16] 先锋集团的大盘股票市场指数囊括了所有在美国市场交易的股票，其成本也是超低的 17 个基点。尽管按复利计算，成本终归能为你带来巨额回报，但开销一样也是以复利计算的。

◎选定一支指数型基金

选择一支宽基指数型基金，比如富达斯巴达 500 指数型基金或先锋 500 指数型基金。后者的 500 个股票是在标准普尔 500 指数的基础之上。人们最大的疑问都围绕着指数型基金的形成方式，更具体一些是每只股票的权重分配。一只小股票的权重与苹果公司的权重相当吗？先锋及其效仿者是通过个股的市值来进行权重分配的。有关指数型基金的争辩听起来有些像中世纪的神学。你没必要陷进去。传统的指数型基金就能很好地实现我们的目标了。

◎战胜市场

借助投资一支指数型基金这样简单的策略，你就能获得高于市场平均收益：按美元平均成本法计算。根据这一策略，你定期——一般每月——不间断地进行一定美元额度的投资。不论市场如何变动都风雨无阻。没错，价格会有起落。这正是关键所在。

定期存入一定金额到你的退休金账户，如每月 100 美元。市场下跌时，安慰自己说，我现在能用同样的钱买到更多的股票。股市终会反弹，而且常发生在你最意想不到的时候。你的奖励就是：获利更为丰厚。

举个简单的例子：你投入 100 美元，以每股 25 美元的价格购入 4 股。第二个月，市场下行，股价跌至每股 20 美元，100 美元就能购入 5 股。第三个月，行情急剧下跌，每股只售 10 美元，这样你就能购入 10 股。现在股市转好，股价回升至每股 25 美元，你又买进 4 股。4 个月之后，以美元价格平均计算法，你拥有 23 股，市值 575 美元。如果股市波澜未惊，你就只能拥有 16 股，市值 400 美元。很极端吗？没错，不过我们想要传达的信息仍是准确无误的。

现在让我们来看一则实例。假设 2000 年初，道琼斯指数达到峰值 11722 点时，你开始实施自己的退休金计划，每月投入 100 美元，并一直坚持到 2012 年。（为了强调本书的结果，我们略过了 2013 年，因为当年道琼斯指数下挫了 27%）。如果将红利与资本收益也用于投资，按照美元价格平均计算法，你的投资增值了 48%。

你也许打算将退休基金的钱平分投入股市与债券市场。每年——一年仅需一次——你需要校准一次自己的投资组合，以使其维持五五开。假设当年股市飙升而债券市场下滑，那么你现在的组合就是 65% 的股票型指数基金和 35% 的债券型指数基金。你需要卖出部分股票，补进部分债权，这样才能继续维持初始的投资比例。如果你的投资组合是由美国及国际市场上的股票与债权组成的，也需要如此操作。与一切投资活动一样，这里的关键是约束及一贯性。

综上所述，指数型基金能使你做到只有少数投资经理才能做到的事——他们能让你不输给市场。美元价格平均计算法让你能获得高于市场平均数的收益。

因此，你得充分利用每一种退休金投资工具，例如401K计划（包括使雇主供款最大化）、个人退休金账户，以及基奥计划[①]。如果你在领取一份固定薪金之外，还有可支配的自营收入，那么就可以参加基奥计划。

◎跟随心中股神的建议

第二条策略就是听从你“内心的巴菲特”的建议。像这位福布斯富豪榜上的著名投资者一样，你可能还需要再额外冒几次险，来试试自己是否能击败市场——或实现更谦逊的目标，即满足自己的需求。将近期不打算动用的钱中分出一部分——或是，在最坏的情况下，你能输得起的钱——投资到风险略高的项目上。

此时，你可以更为集中地关注个股。不过听从心中股神的建议并不需要你变得很深奥。要记住，真正能击败市场的人少之又少。查尔斯·埃里斯（Charles Ellis）是一位知名的投资经理，一直保持着出色业绩。他建议，人们须以打网球的方式来处理投资[17]：要克服这样一个事实，即你不可能靠网球技术参加温布尔顿或美国公开赛——除非是去当观众。你只需集中注意力击球过网，落球在界内，这就够了。

① 由美国国会议员基奥提出，个体营业者应将年收入的一部分留做递延纳税的年金或退休基金的计划。

把那些炫酷的击球留给别人。一旦你不再试图表现得像个专业选手，你会做得更好。

如果你打算投资个股，那就买可口可乐那样的蓝筹股。自股票上市后，可口可乐公司每年都在上调股息。现在“古板”的蓝筹股还包括亚马逊、谷歌和苹果之类。总的来说，你应该瞄准分红颇丰的股票（像亚马逊这样具有高成长性的大型股除外），并陪伴它们经历股价的浮沉。

通胀时期应专注的行业

通胀时期可以关注的领域（至少在通胀初期）是与贸易品、建筑以及其他硬资产相关的行业。比如，类似约翰迪尔[①]与卡特彼勒[②]这般，生产农用或建筑机械的公司。这两家企业在 2011 至 2012 年业绩都不错，不过之后略有下滑。卡特彼勒后来又恢复了活力，不过在股票市场上的表现不尽如人意。

请记住，通胀时期表现良好的投资通常都会成为某个泡沫的一部分。我们已经讨论过，通胀会将资本误导进硬资产与贸易品领域。21 世纪前十年，房地产表现良好——最终仍旧崩盘。矿业公司表现抢眼，不过后来一蹶不振，尤其是金矿。钢铁公司遍地开花，随后便遭

① 一家具有 160 多年历史，在世界农业机械、建筑机械领域处于领先地位的世界 500 强企业。

② 世界上最大的工程机械和矿山设备生产厂家、燃气发动机和工业用燃气轮机生产厂家之一，也是世界上最大的柴油机厂家之一。

遇重创。20 世纪 70 年代的通胀时期，这一幕也曾上演。期间表现优异的黄金、石油、其他贸易品、木材、农田，以及各种避税手段都在上世纪 80 年代遭到重大挫折。

如若我们果真陷入高通胀，你就该尤为认真地审视自己的收益了。记住，价格上涨将会使市场信号失真。表面上，一家公司也许运转良好，但其“飙升”收入背后的推手也许只是通胀。

◎当 2013 年 CPI 增幅小于 2% 时，就真的免受通胀威胁了吗?

记住我们说过的：如果 2000 年，你手握 10 万美元但什么都不做的话，你的资产就已经缩水了 26%。根据 CPI，过去十年的通胀率高达 4%。[18] 独立机构给出的这一数字要高得多。而且侵吞你资产的不是每年的通胀率，而是一段时间内的总通胀率。这就像是通胀上的复利。

美联储推行紧缩政策时的投资策略

在美联储实施紧缩货币政策时，人们找到不到简单的投资方案，因为它会以多种方式来收紧货币政策。其中一种代表性的情况是，美联储有意收紧信贷。就像 20 世纪 80 年代初，保罗 · 沃尔克成功将通胀逐出经济领域时那样，不过此举会使债券与股票市场饱受折磨。另一种情况是美联储无法满足货币需求时无心制定的紧缩政策，就像 20 世纪 90 年代末经济繁荣期那样。这会逐渐伤害传统制造商与贸易品；现金短缺时，人们就会变卖商品来筹措资金。我们在第四章讨论通胀时提到过，美联储的举动最终使高科技的泡沫之火烧得更旺，因为在美国寻求机会的投资者们最终转向了高科技领域。

对投资者而言，这就意味着：坚持你的退休金计划。对其他资产则要慎重行事。

◎眼光放长远很重要

一定要铭记于心：投资时，情绪是你的大敌。

情绪能误导人们的决策，一个有力的实例是始于 2007 年末，持续了两年的熊市。2009 年 1 月，金融恐慌刚于几周前结束，股市经历了自 1933 年 1 月陷入大萧条的泥沼后最可怕的崩盘。2009 年 2 月股市依旧没有什么起色：这是自 1933 年以来最为低迷的 2 月。[19]

媒体上有关大萧条将卷土重来的猜测漫天飞。股市虽有几次小幅反弹，但仍旧一路下挫，股指几乎跌到了被湮没的地步。我们之前提过，道琼斯工业指数跳水 89% 后才止跌。这场恐怖的下跌行情实际上抹灭了股价。这场下跌是空前绝后的。而今天，甚至在没有将股息的再投资计算在内的情况下，道琼斯工业指数就已经比大萧条前的最高值高出了 40 倍。[20]

然而，很多人看到自己的毕生积蓄在这场看不到尽头的残暴熊市中迅速蒸发的时候，决定趁手中的股票还未变成一堆废纸前，从股市中割肉。大难时期，有人曾幽默说 401K 计划瘦身成了 101K 计划，但这并不能掩饰数千万人所经历的心理与财政上的浩劫。

到了 3 月份，局面突然有了转机。尽管新政府出台的政策与美联储的举措为美国带来了经济急剧下滑后史上最疲软的复苏，股市却几乎翻了一番。到 2013 年，主要股指都盖过了危机发生前的峰值。房地产投资信托与银行股涨了好几倍。

那些在股市最黑暗的时刻带着部分或全部资金出逃的散户们，有多少人重新杀回了这个预料之外的牛市？屈指可数。共同基金的行业数据讲述了一个令人心酸的故事：直到 2012 年末，投资者才不再从股权基金中撤资。[21] 多数人把现金存入了毫无利润可言的货币市场或债券基金。美联储的量化宽松政策为后者制造了一个泡沫。[22]

正如著名投资家约翰·坦普雷顿爵士（Sir John Templeton）曾说过的，“牛市在悲观中诞生，在怀疑中成长，在乐观中成熟，在兴奋中死亡。”[23]

丹尼尔·卡尼曼（Daniel Kahneman）虽不是经济学家，却因提出了行为金融学而获得诺贝尔经济学奖。他注意到，当人人都很乐观，并有朋友告诉你他们赚到了钱的时候，你会乐颠颠地把自己的钱投入股市。而当众口一词说天要塌下来时，你又会迫不及待地把钱撤了出来。[24]

更多问答

◎现在的股市是被高估还是低估了？

2014 年初的股价反映了其合理价值。标准普尔 500 指数的市盈率处于合理水平。虽然已有了长足进步，但为了能有更进一步的发展，市场希望政府能出台政策对其加以巩固，如减税或简化税法、推出能促进增长的预算协议，和（或）改革债务上限法。奥巴马政府出台的抑制增长的法律提出限制支出或适度监管，而该法律鼓励了这些行为。这些都不可能实现。不过如果能将外国危机拦在门外，收益就能增加。对股票来说也是一样，尽管我们无法在赶上 2013 年的速度。

我们需要再次重申：不要试图去把握市场时机。你无法预知何时长期熊市或牛市会转向。1996 年时任美联储主席的艾伦·格林斯潘有篇演讲登上了新闻头条。他在其中警告说，市场是一种“非理性的繁荣”。[25] 当时的道琼斯指数是 6437 点。尽管他做了如此哀叹，道琼斯指数仍在 1997、1998 和 1999 年连年创出新高。

◎判断股市是否健康的一些关键指标

企业盈利及其前景是市场的驱动力。不过并非所有盈利都相同。其中一个非常实用的衡量公司利润的指标是由商务部经济分析局发布的国民收入和产品账户（简称“国民账户”）。它将营业外项目，如股息收入、资本损益和扣除坏账等排除在外。它是衡量企业营业利润的绝佳方式，当然要比企业业绩报告更可靠，因为企业通常只会把最好的一面展现出来。

例如，20 世纪 90 年代末，企业利润貌似很强健。但根据国民账户的盈余度量，企业利润在 1997 年而非 2000 年达到峰值。[26] 报告利润增加的原因是资本收益急剧增长，而非企业实际运营收益的增加。这是一个杠杆收购、剥离和首次公开募股的时代。聪明的投资者本可以意识到，股市的上涨已经超出了经济状况所允许的合理范围。

投资者也应该关注标准普尔 500 指数以外的市场中的各个行业。所有收益都来自于一个行业吗？那可能是市场泡沫的信号，而非健康的经济发展。在互联网泡沫前，20 世纪 90 年代末牛市的基础已经越来越小，主要都是靠高科技公司在支撑。市场的其余大部分行业不是停滞不前，就是开始收缩规模。

2008 至 2009 年股市崩盘前，金融股和房地产股异常火爆。金融行业的股票比布雷顿森林体系失败前翻了一番多。尽管金融业是一个创新型行业，但这种疯涨的幅度是没有任何支撑的。这显然是人为行为，反映了投机和金融工具的增长。这些都是法定通货造成的结果。

奥地利经济学家约瑟夫·熊彼特在一战后奥地利发生的恶性通胀中就观察到了这一现象，当时该国的情况就和德国一样糟糕。咖啡馆曾在维也纳有过一段辉煌的历史，但遍地的咖啡馆最终被银行所取代。通胀结束后，银行关门大吉，咖啡店又重新回归。[27]

◎选择个股时，市盈率很重要吗？

当牛市中股票的市盈率超过了 20，你就要小心了。合理值应在 15 左右。不过，市盈率在熊市中却毫无用处，因为多数公司，包括好公司在内，都在遭受损失。

投资国际股市

经济发展速度超越美国的国家似乎能为你提供投资机会。不过不利的一面是其波动幅度更大，风险更高。

以中国为例。它的经济增长看起来似乎永不会停速，貌似存在数不清的投资机会。不过看看下图中的实际情况吧。不，这可不是一架过山车的行驶轨迹，而是上证交易所的股票走势。

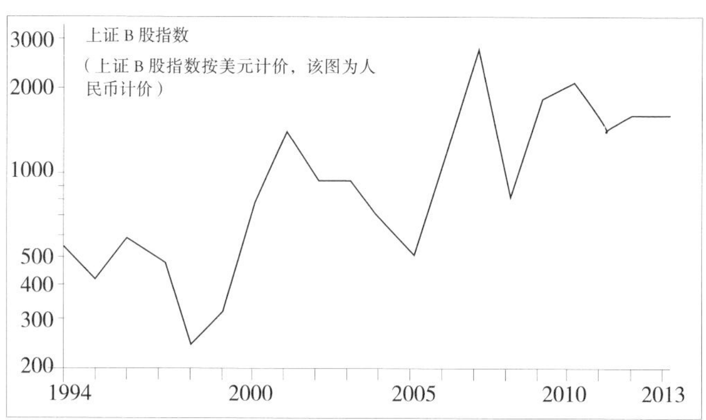

潜在投资者对中国惊人的增长充满敬畏，他们通常都看不到这种价格起落背后的经济问题。例如，中国政府限制了储户手中资金的流向，并对外国投资也施以了各种限制。经济不断发展并不意味着每只股票都能从中获益。

事实上，中国经济的发展主要依靠数百万小型私营企业，而当你启动雷达扫描可投资的领域时，基本上找不到这些企业。传统银行经常无视它们。这些创业型企业一般通过非常规渠道，如民间借贷等方式来获取高昂的融资。它们并不在上市公司之列。

要想成功投资外国股市，你就必须事先了解该国的政治与监管环境。日本的教训就显示了投资是多么得变幻莫测。20 世纪五六十年代，日本推行了非同寻常的发展政策，保持了日元的稳定，并控制住了政府支出（未超过 GDP 的 20%）。政府每年都在减少课税，股市大涨。

而到了 1989 年，在经历了惨痛的房地产泡沫后，日本政府的政策开始偏离正轨，课税大幅提高，政府支出开始失控。日本央行连续几年采取了日元贬值的货币政策。

今天的日本仍在墨守成规。1989 年日经 225 指数曾接近 40000

的高点。25 年后，日经指数却只在 15000 点附近徘徊。[28]

为了将国际投资的风险最小化，可以考虑利用指数型基金。富达或先锋这类投资公司都推出了针对国际股市的工具，覆盖了全球及除美国外的全球市场。

债券表现如何？

传统观念一直认为，债券比股票要安全。因为债券是能够得倒偿付的债务，与股市比起来，你的投资遭遇损失的可能性更小，因为股价可能会遭遇滑铁卢。债券的利息与股息不同，是能够获得保证的。不过也存在一些痛苦的例外情况。比如通胀时期，本金和利息的实际价值都将大打折扣。政治操纵也会对债券产生影响。例如，通用汽车在奥巴马政府的政策下宣布破产后，其债券持有者所遭受的损失要远大于在正常的、无政府介入的情况下公司重组时所遭受的损失；债权人遭到了沉重打击。

从 20 世纪 80 年代初至今，债券总的来说一直处于上行趋势，甚至时不时赶超了股市。但随着美联储逐步结束量化宽松政策及其大幅购债的计划，利率将会上调。在利率不确定的大环境下，在可预见的未来，债券将处于重压之下。

为防范未来出现通胀，你可以将 5%—10% 的资金投入通货膨胀保值债券。如果你还没抛售市政债券，那很好。因为两年前的担忧有些过度了；并未出现如海啸般的城市或州政府破产浪潮。如果你打算马上买入债券的话，我们有一些建议：只买短期债券。别忘了利率将会上调。

与股票一样，债券也有各种类型：从国债到垃圾债券，从长期到短期。现在你能买到全球的债券。

如果你迫切地想要购入债券，方法有很多。其中之一就是购买一支像先锋惠灵顿基金那样的平衡基金，它将债券与有分红的股票相结合，而且管理费较低。你还得再考虑费用问题；先锋的管理费在业内通常是最低的。另一种方式是将钱投入指数型债券基金，其所持有的债券覆盖面甚广。根据年龄的不同，你可以选择短期、即期或是长期债券。不过现在不是买入债券的好时机，因为美联储正试图结束量化宽松政策。你可以再等上一两年，到信贷市场价格恢复正常时再出手。

不要试图猜测哪种债券更适合投资。2008 年后，垃圾债券的表现比评级更高的债券要强劲得多，因为投资者是在一个零利率时代寻求收益。[29] 不过它们在经济衰退期也损失惨重。

警告之言：垃圾债券的发行在 2013 年达到了历史最高值。新兴市场的政府债券曾一度受到追捧，但当投资者预计美国将提高利率时，便弃之如敝屣。所以，不要试图挑选投资的行业或时机。选择一支宽基的指数型基金。

黄金是好的投资渠道吗？

黄金能很好地反映出经济社会中所发生的事件。我们之前也说过，我们还能在政府出现货币政策渎职时将黄金作为投资组合的保险。不过，除非你是珠宝商，否则，它并不是一种投资渠道。它与建厂、开店、提供新服务或研发新产品并不相同。

很多时候，与股票比起来，黄金是一个蹩脚货。从 1982 年 8 月至 2000 年 2 月，道琼斯工业平均指数上涨了 15 倍，收益达到 1400%。如果把红利和资本收益算进去，这一数字就更为可观。而黄金呢？还在原地踏步。二战结束后至 1971 年布雷顿森林体系废除前的情形也是如此。

2000 年至 2011 年夏，金价上涨了六倍。此后便下跌超过 35%，而股市则上涨了 40%。只有当美国在货币问题上出现失误时，金价才会上涨。

◎黄金矿业股

黄金矿业股也不是好的选择。2011 年起，这类股票几乎被腰斩，下跌幅度超过 50%。[30] 算上折旧，挖掘出一盎司黄金的边际价格接近 1200 美元。而基于黄金的交易型开放式指数基金呢？已发行的一些该类基金覆盖黄金矿业股，而且其价格与黄金市场相仿。你无需担心金矿的管理，或是购买与存储黄金的问题，也不用担心购买金币时需支付给经销商的费用。那些在看了曾不间断播出的电视广告后购入金币的人发现自己支付的佣金稀奇古怪。

尽管以贵金属为基础的交易型开放式指数基金是一件简便的投资工具，但它仍需在严重危机或恐慌时期证明自己的能力。也许它们能大获全胜，但你还是得给自己留条后路，把你的大部分财产换成真金白银。

其他投资工具：大宗商品与货币

美元极不稳定时，多数人就会对大宗商品和货币产生兴趣。这些可以通过经纪人来购买。在这类投资工具上，你可能会迅速损失一大笔钱。不论推销员是如何说的，调查显示个人投资者大多会在这一市场上亏钱。你的对手是以这种交易为生的人。这个市场压力重重，瞬息万变。不要拿自己的能力开玩笑。

货币稳定时，大宗商品的交易数量不高。机构投资经理也不会把大宗商品当成一个投资类别，这也是他们现今的惯常做法。

房地产投资

美元脱离金本位制后，房地产接过其接力棒，成为一个伟大的投资工具。同样，这种有瑕疵的感知是对法定通货不稳定性的一种回应。房产是一种十分昂贵的消费品。它是安居之所，而非投资的替代品。对一个成功的新兴领域的投资价值之所以会不断增长，是因为它创造了新产品或新服务。房价的上涨也许是有需求增长推动的。如果你对其投资以改善居住条件，它的价值也可能会增加。当货币环境不稳，像房产这类硬资产就会收益，至少短期内是如此。然而，房产的投资潜力无法与苹果或是谷歌股票相比。

我们在次贷危机时都痛苦地见证了，房产绝不会赚钱。维持房产意味着你可能并没有将许多隐性支出计算在内。而且人们如果过度借贷来买房就可能会陷入困境——或发现自己陷入了房贷上涨、房产税增加的困境。

是否应该买入房产然后出租呢？除非你把此举当成是买卖来做。租客可能会成为你的噩梦；他们也许会起诉你。进入租赁行业与买入股票完全是两码事。

房产能给予你一种情感上的满足感，让你感觉拥有了属于自己的空间。不过，和黄金一样，它更像是一份保险，而不是一种投资，可以为你提供一种能跑赢通胀的发展潜力。

人寿保险

终身寿险将保险与储蓄结合到了一起。与定期寿险不同，它不会过期，身故之前终身有效。如果生病的话，也不会废弃。终身寿险的货币价值每年都在增加。而且这部分增值不用交税。如果你终止了保单，除非现金收益超过了你所缴的保费总额，不然就无需缴税。

在相互保险公司，年终的红利可以用来抵减保费。不出几年，这份保单就无需你额外掏钱了。也就是说，保费实际上不再存在，因为年终红利将超过保费的金额。需要多少年才能实现这一点要看保险公司的投资水准。你能以特定的、低于从信用卡上借钱的利率，借到现金，而且这一利率通常低于你从经纪人账户借款时的保证金率。

终身寿险在动荡时期是上佳的锚定物——因为不论发生什么，总有一项金融资产始终在增值是一件感觉不错的事。

很多投资顾问都对终身寿险持否定态度，认为由于要支付给保险员佣金，这种产品的价格过于昂贵。批评家断言，人们还是应购买定期寿险，将剩下的钱自己投资为好。我们不敢苟同。多数人不会每年都将这所谓的积蓄用于投资。显然，不是所有的相互保险公司都相同；你必须核查他们的信用等级。

本章概述了几种能够保住你腰包的基本方法。当然还有许多其他的投资途径。例如，年金、私募股权以及对冲基金等。

多数人并不喜欢也没有时间亲自进行投资。他们需要一位甚至是多位信得过的投资顾问。就像运动好手需要教练一样，即便是对经验丰富的投资者来说，值得信任的投资顾问仍旧大有裨益。西北相互人寿保险公司的执行长约翰·施利福斯克（John Schlifske）喜欢用下面的话来传达这一信息：

> 我的健身教练不会跟我说一些我毫不了解的东西。但根据我们定期的会面，我会去做一些自己需要做的运动，但如果不定期与教练碰面可能就不会去做。值得信任的顾问所起到的作用不外如是。他（她）会让你一直按照计划行进。[31]

在混乱年代，施利福斯克的建议尤为正确。每个人都可以寻求建议，了解如何应对无数由税收、家庭、事业以及数不清的其他领域所引发的复杂的金融问题和挑战。

关于如何选定合适的教练，并无通用的公式可以套用。显然你需要做足功课，包括调查费用，参考网络和朋友间的评价，以及可能的惩戒性措施，或是辨别太过美好不太可能实现的承诺等。著名投资经理、《福布斯》杂志专栏作家肯·费希尔（Ken Fisher）着重强调了这一点：要确保不要由你的投资顾问来保管你的证券。你得要知道，财务报表上显示的损益是你真正拥有的东西。

第八章

展望未来

不稳定与增长不足均非新常态，
新的金本位制必将到来。

我们无法预测每日房产或股票价值几何。我们无法预料自己会身染何种疾病、是否会遭遇车祸、子女行将如何行事、或是父母收入多寡……我们几乎完全无法预知未来。

但奇怪的是，经济学却号称自己可以不受这一残酷现实的约束。

——乔治·吉尔德，《知识与权力》

我们该何去何从？全球前景喜忧参半。如果美联储能继续从量化宽松这一失败的实验中抽身，逐步停止利率操纵，就将有更多信贷流向小企业和新兴企业。美国经济复苏的势头必将增强。对美国、欧盟——那里已经出现了微小的发展迹象——乃至全球其他国家而言，这都是有利的。不论那些老爱唱反调的人会做出何种预测，至少，美国暂时仍是世界经济的引擎。

与此同时，美联储推出削减政策之后，货币危机就扰乱了新兴国家的市场，由此突显了法定通货体系的危险。我们已在书中解释过，货币是如何将全世界的陌生人联系到一起，使之得以协同工作、并为满足全球市场需求而进行交易。削减政策引发的货币危机表明，错误的货币政策能轻易、快速地瓦解全球合作，击垮各国企业。

发生在新兴国家的灾难提醒着我们，2008至2009年那段最黑暗的日子虽已过去，但引发灾祸的条件仍未肃清。除非我们最终能理解，通往发展与进一步繁荣的未来之路，并非由弱势货币或缩紧银根政策——而是由健全货币所筑成，否则，世界仍将危机不断。

要想最终实现真正复苏，开启物质文明的新纪元，将人民生活水平提升到闻所未闻的高度，我们最大的希望就落在了基于稳定、健全货币的货币体系身上。20 世纪八九十年代，美元较为稳定时，我们就在全球经济扩张中有过切身体会。期间，全球的繁荣与发展几乎可与 1870 至 1914 年经典金本位制时期相匹敌。

比尔 · 盖茨（Bill Gates）曾预言，到 2035 年，贫穷国家将不复存在。[1] 要实现这一预言——最终治愈被我们误认为是“新常态”（the new normal）[①] 的痼疾——全球货币体系必须锚定一种稳定的全球货币。

英镑在 19 世纪及 20 世纪初起到了这一作用。此后，美元成了实质上的全球货币。1971 年，美元崩溃，损害了美国及全球的经济和政治。这种情况不应再持续下去，否则，我们将面临新一轮更为严重的动荡。它将危及自由市场，并最终使民主陷入危险。

从贫血式增长到居高不下的食品和燃油价格，再到主权债务，今天困扰我们的众多重大问题，都根源于法定通货的副产品——市场扭曲及价值波动。人们本能地意识到，现有体系出了问题。摆在我们面前的挑战是如何将这种不安转换成知识、争辩以及对变革的需求。长久以来，我们对货币的理解一直被术语、糟糕的想法和政治议程所遮蔽。其实完全不必如此。

恢复货币理性

若要克服面前的障碍，我们——美国乃至全世界的人们——都必

① “新常态”一词曾早在 2008 年金融危机后出现在西方主流媒体，表示宏观经济在经历繁荣—衰退周期到正常的恢复过程，即经济转型、平衡阶段。在此，特指全球经济自金融危机后陷入低增长的态势。

须进一步了解货币。这需要我们掌握一些简单的基本原理。让我们再扼要重述一些关键性原则：

（1）货币政策的首要目标必须是维护货币稳定。央行只能出于维持固定币值的目的，才能操纵货币基础。金本位制下最容易实现这一点。

（2）贸易本身与币值并无直接关联；只要币值固定，收支逆差就不会影响经济发展。在报道 2014 年初新兴市场遭遇的危机时，媒体曾有大量评论指出，具有经常账户赤字的国家需采取纠正行动。数十年来，人们一直痴迷于保持收支平衡，却因此造成货币贬值、资本管制和贸易保护主义等现象肆虐全球。这些原本大可避免。人们却执迷不悟，依旧重视经常账户及收支平衡，一手促成了法定通货这场灾难。

亚当·斯密曾指出，贸易是双赢的。但这一基本见解仍遭人漠视。如果央行能正确运用公开市场操作，贸易赤字就无法对币值或经济产生任何影响。

当土耳其里拉遭遇投资攻击时，问题并非出在经常账户上，而在其政治动乱与宽松的货币政策上。为了应对，土耳其将利率提高了一倍多，此举减缓了国内经济发展。[2] 要是土耳其能调整其货币基础，使里拉维持在稳定水平，这种状况本是可以避免的。

那面对所谓的游资涌入——或资金大量出逃——又该如何应对？同样，货币政策若是正确，问题便能迎刃而解。央行只要调整货币基础，就能维持稳定。还记得瑞士的例子吧。在欧元及主权债务危机时期，巨额资金——以欧元为主，不过其中也不乏美元——涌入瑞士，购买瑞士法郎。[3] 瑞士立即对法郎兑欧元的升值幅度制定了上限，[4] 因此相对维持了其币值的稳定，瑞士出口商也因此避免了进一步损失。

（3）印发钞票并不等于创造财富。信奉重商主义的君主们就算真能点石成金，也无法创造出财富。如果遍地都是黄金，它也将失去其自身价值。这无需多言。

（4）警惕货币刺激带来的虚假繁荣。不是所有发展都如你所见。20 世纪 70 年代大通胀时期，GDP 的确出现过貌似良性的增长，不过那些都是虚假的。美元贬值引发了能源、大宗商品、农田及商业地产等领域的投资热潮。20 世纪 80 年代，当通胀问题得到解决，不当投资得以清算时，这些热潮均经历了可怕的衰退。现在，相同的一幕再次出现。巴西、俄罗斯和南非等大宗商品型经济体已经历了类似的虚假繁荣。

21 世纪初，美联储及其他央行制造了流动性过剩的问题，使希腊、土耳其这类本无法成为主要债权人的国家，以及美国数百万购房者得以大量举债。[5] 操纵货币、将其贬值，或是增加政府支出，能在短期内增加 GDP。但这种针对扭曲的市场信号所做出的回应，通常都是虚假且不可持续的。

（5）宽松的货币政策有损于经济，但不会立即大幅提高生活成本。普通大众及多数经济学家都认为，通胀就是消费物价指数中体现出来的价格上涨。经历过痛苦的房市危机之后，我们明白了宽松的货币政策能产生极具破坏力的资产泡沫，但却并不会带来消费物价指数全面大幅的上涨，也不会出现 20 世纪 70 年代的那种通胀。尽管症状可能不尽相同，货币贬值带来的后果总令人不快。

（6）价格总在波动之中。即便货币保持稳定，商品与服务的价格仍会不断变动，因为供求关系的变化与货币无关。我们可以回顾移动电话价格起伏的历史——30 年前，移动电话刚上市时，售价曾高达到 3995 美元。[6] 但自其面世之后，价格就随着产量的增加持续下降。

事实上，如果货币能保持稳定，提高生产力就能降低生活成本。届时，凯恩斯主义者则会惊呼“通货紧缩来了！”事实上，他们对许多事物的判断都不正确，这次也不例外。

（7）若非遭遇危机，否则央行不应操纵利率。二战后，人们开始假定调整短期利率有助于指导经济活动、影响 GDP 数值。货币政策在此基础上发生了相应转变。例如，用利率来减缓过热的经济发展。如果认为经济会变得过冷或过热，那都是荒谬的想法。

因为利率是举债所付出的代价，所以人为设定利率是价格管制的一种形式，也即意味着配售与短缺。信贷配置不当在过去几年中减缓了经济复苏的步伐，而对利息进行的价格管制则是造成这种不当的原因之一。

央行应利用公开市场操作来维持货币稳定，从而刺激经济。就国内而言，这意味着买入或卖出债券，以增加或削减货币基础。在国际市场上，则要动用外汇储备买入或卖出某种货币。我们不需要依靠央行来操纵利率。只要货币能保持稳定，利率自然就会降低。

（8）欧洲的政策制定者们若能维持货币稳定，欧元就将安然无恙。欧元推出于 21 世纪之初，差不多同一时期，美联储开始削弱美元。美联储恣意妄为，而大多数央行紧随其后陷了进来。欧洲央行效仿美国，最终印发了过量货币，尽管其规模较之美联储要小得多。[7]

即便存在现今这些问题，欧元确实成功实现了简化欧洲内部贸易的目的。它也为浮动汇率制带来的价格波动提供了庇护之所。

一些凯恩斯主义评论家蓄意攻击欧元，理由与他们拒绝金本位制是一样的：认为固定汇率体系过于刻板。他们最大的错觉之一就是，认为欧元阻碍了南欧国家的经济复苏，因为欧元使其无法将本国货币贬值。但事实是，若它们继续使用本国货币，情况会比现在更糟。许多国家都会经历严重通胀——在希腊则会演变为恶性通胀——人民生活水平也会比现在倒退许多。欧元拯救了这些国家。南欧国家及法国面临的真正问题不是欧元，而是像僵化的劳动力市场以及高额税收等抑制国内增长的限制性措施。

（9）货币若能保持稳定，金价就不会波动。人们通常有种误解，认为黄金价格太易于波动，因此无法有效锚定美元。然而，现在的金价并非是由需求的变动所驱动。请记住，黄金内在价值稳定，因此才能被称作“货币北极星”。弱势货币或不稳定货币期间，它是投资者的避难所。1980 年及 2011 年金价的大幅上涨反映出人们的恐慌，他们担心美元价值将会快速下跌。如果美元能与黄金挂钩，保持币值稳定，人们便不会为了保住自身财产转而投资黄金。金价的波动将会微乎其微。

（10）在理想状态下，美联储主席与度量衡局局长在商务部内部的地位应不相伯仲。美联储不应再试图运作银行系统或操控经济。

不仅仅是货币

我们曾说过：若要使经济回到正轨，必先摆正货币的位置。但需纠正的，远不止这一点。货币不过是交易的促成者罢了。只有鼓励贸易、蒸蒸日上的创业型社会才能最终引领我们走向更美好、更繁荣的未来。建立在政府财务稳定、监管与税收合理，以及相信法治的政治环境之上的体系才是实现这一目的的唯一途径。

稳定的货币能促进实现这些条件。但政策制定者们也须致力于促进，而非扼制贸易。我们需要政府，但只有发展自由经济，满足人们需求才值得为其买单。

不幸的是，现今鲜有决策者能把握大局。因此，包括美国在内的多数国家陷入了滞涨与不稳定的泥沼。

全球前景

下面我们将指出世界各国及地区所面临的更广泛的挑战，以及如何正确应对其经济与货币。

（1）欧盟：因体制上的阻碍——税收高昂、公共部门臃肿及劳动法的限制（打消了公司雇佣员工的念头）——大部分欧洲国家在遭受主权债务危机困扰时，经济表现都不尽如人意。最终，欧洲在经济发展上远远落于其他地区。仅举一例说明，尽管欧洲拥有多元文化，人口逾 5 亿，它在高新技术创新上甚至落后于弹丸之国以色列（人口仅 800 万）。

欧盟做派依旧高度官僚化。它仍相信，扩张货币、降低利率，以及所谓的紧缩——他们的一种委婉表达，指对本就已不堪重负的私营部门进一步征税——是应对眼前危机的解决之道。德国因经济相对强劲而成为欧盟实际上的出纳员，帮助希腊等国摆脱困境。而德国也提出要征收高额税收。[8] 西班牙将其最高所得税提至 52%。[9] 意大利与葡萄牙增加了增值税及其他名目的课税。法国实际上将其最高所得税增至 75%。[10] 希腊提高了其所能想到的一切赋税，使本国经济陷入了极为严重的衰退期。[11] 与此同时，这些国家的公共部门却逃过一劫。[12]

有评论哀叹，欧元使欧盟各国无法通过货币贬值来复苏经济。世人普遍缺失对货币的理解，由此即可窥见一斑。过度征税、政府支出以及扼杀工作机会的劳动法阻碍了财富创造，这些障碍是货币政策无法克服的。复苏欧盟经济的关键就在于降低税收这类的体制改革。私有化——将庞大官僚机构的一部分拆分出来——也是获取所需资金的便捷方式。

自 2008 年起，波兰已有大大小小千余家企业被私有化，由此募集了数十亿欧元。[13] 不幸的是，当它像阿根廷那样，收缴了部分波兰人的养老金后，反而因此倒退了一大步。[14]

真正的问题是欧洲政治文化对福利国家的维护与支持的投入程度不够。在社会民主党人、总理格哈德 · 施罗德（Gerhard Schröder）的带领下，德国于 21 世纪初推行了一系列内部革新，改革了福利金，将失业保险政策变得更为严苛。[15] 这些变革让施罗德丢了饭碗，却使德国在 2008 至 2009 年的金融危机中安度难关，损失小于其他西欧国家。尽管如此，在施罗德的继任者，安吉拉 · 默克尔（Angela Merkel）的领导下，德国政府却逐渐摒弃了这些改革。

不过，其他国家已幡然醒悟。瑞典削减了赋税，成效显著。[16] 大萧条时期，爱沙尼亚抵制住诱惑，并未采取凯恩斯主义所提倡的支出热潮，反而削减了开支。这虽使爱沙尼亚政府遭到了凯恩斯主义毒舌保罗 · 克鲁格曼（Paul Krugman）的责难，[17] 但它取得的经济成就却是有目共睹的：爱沙尼亚成为了高科技中心的领头羊（网络电话服务商 Skype 就是从那里发展壮大起来的）。[18] 爱沙尼亚正在不断发展，而欧盟的大部分国家只是在苟延残喘。

（2）中国：与之前的日本与德国类似，中国的经济成功也遭到了美国国会的指控，称其进行了货币操控。观察家还指出，那些为保持经济增长而在金融危机期间建立起来的“鬼城”——其中一座还建有等比例复制的巴黎埃菲尔铁塔和香榭丽舍大道，证明了中国的快速增长是建立在信贷配置不当和人为刺激的基础之上。[19] 这其中当然存在一些昂贵又无用之物。不过制造中国经济奇迹的真正原因是它所生产的产品迎合了人民的需求。直到最近，中国在维持货币相对稳定这一点上，一直都胜过绝大多数国家。这也是它成功的另一原因。

20 世纪 90 年代中期，美元依旧十分稳健时，中国政府就认为货币稳定会促进贸易，并以固定汇率将人民币与美元挂钩。它实现了自己的预期。自此，中国的全球贸易扩张了 15 倍。[20] 中国内地的货币政策是向香港取的经。早在 20 世纪 80 年代早期，香港也将港币与美元相挂钩。中国内地与香港都致力于维护货币稳定，因而能在 1997 至 1998 年亚洲金融危机时发生的严重投机攻击中成功捍卫了自己的经济。

问题是，中国现在该怎么做？资本市场是横在面前的巨大问题。各大银行满足的是国有企业的需求，而中国经济的主体是由约 4300 万私营小企业组成的，大部分都运营在法律与金融的模糊地带。它们以高额利息从这些所谓的影子银行贷款。[21]

国有银行支付的利率低于通胀率，从而阻碍了投资。低利率吓走了很多旨在寻求更高投资回报率的中国投资者。因此，国有银行设立了所谓的信托公司，以较高利率向私营企业放贷。然而，很多贷款变成了坏账。中国政府不得不助其摆脱困境。[22]

中国若想继续引领全球经济发展，就必须创建能鼓励资本创造的体系，以便更好满足企业家和投资者的需求。中国政府在这方面采取了一些措施，如在未来几年内，转向利率市场化等。不幸的是，它同样沾染了西方国家的一些陋习——希望这只是暂时现象——如削弱人民币，放大人民币对美元的波动幅度。

（3）日本：日本经济在20余年的时间里一直止步不前。它犯下的经济错误数不胜数。其国债接近GDP总量的250%。这一数字甚至比希腊（债务占GDP比率为170%）和美国（该比率略高于100%）还要高，着实令人惊讶。[23]

过去20年间，在推出20余个大型刺激计划之外，日本政府肆无忌惮的支出散尽了本国的巨额财富。政策制定者对货币的误解所产生的后果是不可估量的。20世纪80年代末，日本经历了一场狂热的房地产繁荣。[24] 与美国一样，这场繁荣是宽松货币政策带来的结果。同时，向购买且持有房产的企业提供奖励的这种免税号也起到了推波助澜的作用。建筑规范与监管同样使成本增加，鼓励了对宝贵土地的无效利用。

当政府缩紧银根、大幅提高税收时，就戳破了这一泡沫。由此造成的通货紧缩给予其它经济领域重重一击。随后，政府开始用无休止的支出热潮来刺激经济，收拾自己一手造成的烂摊子。

日本的货币政策一直摇摆不定。它一向偏向紧缩的货币政策。不过，日本对历史的经验与美国的教训视若罔闻，最近一直在玩弄日版量化宽松政策，将日元对美元贬值，以刺激经济增长。[25]

这一举措终将失败，不仅因为廉价货币制一向无法产生持久福祉，而且因为政府持续加重了税收。过去20年间，日本政府似乎一直痴迷于此举。首相安倍晋三证实了，前任首相推行的全国消费税翻一番的政策仍将继续推行下去。[26] 经济复苏的另一大阻力则来自于日本惊人的社会安全薪资税。与美国相应的税收类别不同，这一税种并不设收入上限。日本计划到 2018 年，将该税从 30% 增加到 37%。个人所得税将提高到 55%。[27] 日本的公司税率仅次于美国，是世界上最高的。

首相安倍近期开始对日本令人窒息的监管政策做出了批评。例如，限制建筑物层高的规定，以及使城市房产使用率低下的土地使用法等。然而，如果日本无法在货币政策上汲取经验教训，这些努力都终将付诸东流。政府无法凭空变出资源。经济刺激计划只能从人民和企业头上搜刮资源。这些企业原比公共部门的官僚们更能良好地利用和投资这些资源。高额税收扼杀了人们的动力，破坏了资本。

（4）新兴市场：这些国家沦为了本国政府的渎职行为及美联储浮动美元政策的受害者。包括俄罗斯、尼日利亚和巴西在内的许多新兴国家自然资源丰富，然而它们所面临的困境却与中世纪的西班牙相同。它们深受资源陷阱之害，过度依赖资源来实现自身发展。不少国家的政府专横霸道，阻止了企业家型市场经济的出现。

世界银行每年调查 189 个经济体，并在《全球营商环境报告》（*Doing Business*）中公布调查结果。它按照创业的难易程度、获取建筑许可从而“获得电力”的难易程度等 11 个类别对国家进行排名。巴西长居榜单的后半部分。[28] 不久前，俄罗斯的处境也与之类似，不过它宣布将全国上下齐心，力争提高自己的排名。

因弱势美元而引发的大宗商品繁荣使巴西、俄罗斯和其他资源型国家在过去十年的前半段中取得了显著发展。20 世纪 70 年代，布雷顿森林体系下金本位制的终结造成美元贬值时，同样的情况也发生在资源型国家身上。然而，过去10年的经济扩张不见得比40年前长久了多少。

这些饱经风霜的国家所面临的阵痛与韩国、波兰、捷克和以色列等国家的发展形成了鲜明对比。后者均依靠更为健全的货币政策和更为开放的市场创造了财富。

爱沙尼亚、立陶宛和拉脱维亚等波罗的海诸国也同样有了长足进步。多年前，该三国就在体制内推行了平头税，并实施了十分稳健的货币政策。现在，爱沙尼亚采用了欧元。

富饶的资源不一定是种诅咒。智利富藏铜矿。30年前，它开始致力于经济多样化。[29]社保私有化就是一项促成了安稳的退休体制与创造资本的法案。这一革新获得了巨大成功。不过它在新任的社会党总统米歇尔·巴切莱特（Michelle Bachelet）的领导下将何去何从尚不可知。

马来西亚也是一个资源丰富的国家。与智利一样，它也在通过鼓励外国直接投资制造业、技术与服务业来努力扩大其经济基础。[30]

所有这些国家都摒弃了凯恩斯主义经济学。它们认识到，印发货币无法创造财富——引入投资与创造工作才有此效。

同时，这些举措对土耳其、巴西、南非、泰国与印尼也具有效用。如果它们能学会保持货币稳健、采取合理税制，如单一税等，也能实现真正突破。

（5）美国：正如20世纪80年代里根改革引发了八九十年代席卷全球的一波减税浪潮，促成主要货币改革的动力也必定来自美国。

这一切正在发生。在税收方面，简化主要税收也逐渐成为一种共识。三年多前，奥巴马总统指派了一个称为“辛普森－鲍尔斯委员会”的机构来研究美国所面临的财政挑战。令人惊讶的是，虽然民主党与共和党均签字同意简化美国税法，全面降低税率，奥巴马却无视了委员会的意见。[31] 不过这一想法持续升温。许多民主党国会议员联合提出了简化方案。奥巴马拒绝为其开绿灯，至少在 2014 年国会大选前是不会松口的。如果白宫能对此表现出一丝兴趣，协议就能很快达成，某些行业的优惠政策即可取消，公司税也将大幅削减。我们之前提过，美国的公司税率位居发达国家之首。2016 年大选过后，总统方面仍需推行根本性的税务简化措施。这些改革能为别国效仿美国提供合法依据。

美国在货币政策方面的理解依旧与实施新金本位制所需的理解程度相去甚远。然而，考虑到凯恩斯主义货币政策在美国、欧洲及日本的明显失败，变革总算是有了苗头。

因 2008 至 2009 年的恐慌之后，美联储迟迟无法促成经济发展，人们已失去了耐心。加之担忧其扩张能力，最终促成了量化宽松政策的缩减。因担心长期对美元采取温和态度的珍妮特·耶伦上任后可能会转变政策导向、摒弃削减政策，曾有 26 位参议员投票反对其出任美联储主席。

这些情绪也许还将继续扩散，并成为重要变革的推动力。重新审视美国经济的并非经济学家，而是以不带偏颇的崭新眼光审视这一问题的其他人。

美国在金本位制下成功地运行了 180 年，但自此之后，再无亮眼表现。这会使人们觉得震惊。

事实才有能力削弱正统理论。凯恩斯主义的实验失败了，问题接踵而至：取代它的将会是什么？请谨记，20 世纪 70 年代的灾祸是因摒弃了凯恩斯主义才发生的，而保守派经济学家对金本位制长期持有的敌意阻止了布雷顿森林体系的回归。自那之后，美国及其他国家最近，尤其是近十年来的经历，都使人们无法忽视凯恩斯主义及货币主义所造成的失败。

我们希望本书，以及与之类似的书籍，能为亟待发生的变革提供深入见解和前进的动力。

注释

序言——现代经济学危机与货币

1 "The Wealth of Nations," Adam Smith Institute, accessed March 6, 2014, http://www.adamsmith.org/wealth-of-nations.

2 Peter Drucker, "Schumpeter and Keynes," *Forbes*, May 23,1983.

3 "Monetarism," *Investopedia*, accessed March 6,2014, http://www.investopedia.com/terms/m/monetarism.asp.

4 George Gilder, *Knowledge and Power: The Information Theory of Capitalism and How It Is"* (Washington, DC: Regnery, 2013), pp. 22,270.

5 Nathan Lewis, *Gold: The Once and Future Money* (Hoboken, NJ: John Wiley & Sons, 2007), pp. 29-30.

6 "Sir Isaac Newton," *Encyclopaedia Britannica*, March 1, 2014, http://www.britannica.com /EBchecked/topic/413189/Sir-Isaac-Newton.

7 Edward Dolnick, *The Clock-work Universe: Isaac Newton, the Royal Society, and the Birth of the Modem World* (New York: HarperCollins, 2011), p. xvii.

8 Lewis, op. cit., p. 255.

9 Mark Skousen, *The Making of Modern Economics: The Lives and Ideas of the Great Thinkers* (Armonk, NY: M.E. Sharpe, 2001), p. 108.

10 Library of Congress Online Catalog, http://catalog.loc.gov/.

11 Drucker, op. cit.

12 Drucker, op. cit.

13 Thomas Robert Malthus, *An Essay on the Principle of Population*, Library of Economics and Liberty, http://www. econlib.org/library/Malthus/malPop.html.

14 Mark Skousen, "Beyond GDP: Get Ready for a New Way to Measure the Economy," Forbes.com, December 16, 2013, http://www.forbes.com/sites/realspin/2013/11/29/beyond-gdp-get-ready-for-a-new-way-to-measure-the-economy/.

15 Ibid.

16 Knowledge and Power. Gilder, op. cit.

17 Jerry Bowyer, "George Gilder Is Optimistic That We're Due for a Surprising Leader," Forbes.com, August 28,2013, http://www.forbes.com/sites/jerrybowyer/2013/08/28/george-gilder-is-optimistic-that-were-due-for-a-surprising-leader/#/sites/jerrybowyer /2013/08/21/george-gilder-explains-why-stock-markets-have-devolved-into-a-world-of-noise/? &_suid= 13 93 79521661002863893109894706.

18 Gilder, op. cit., p. 477.

第一章 怎落得这般田地

1 Anora Mahmudova, “U.S. Stocks Tumble; Dow Drops 318 Points,” MarketWatch.com, January 24, 2014, http://www.marketwatch.com/story/us-stocks-sell-off-another-triple-digit-drop-for-dow-2014-01-24.

2 John J. Xenakis, “World View: That ‘1929 Feeling’ May Be Back on Wall Street,” Breitbart.com, January 25, 2014, http://www.breitbart.com/Big-Peace/2014/01/24/25-Jan-14-World-View-That-1929-feeling-may-be-back-on-Wall-Street.

3 Lewis E. Lehrman, “The Nixon Shock Heard ’Round the World” (graph), *Wall Street Journal,* August 15,2011, http://online.wsj.com/news/articles/SB10001424053111904007304576494073418802358.

4 Bureau of Labor Statistics, U. S. Department of Labor, Consumer Price Index Inflation Calculator, available at http://www.bls.gov/data/inflation_calculator.htm.

5 Michael Bordo et al., “Is the Crisis Problem Growing More Severe? ” *Economic Policy* 16 (32), April 2001, pp. 53-82.

6 William L. Watts, “Treasurys Rally for Third Day as Taper Comfort Increases,” MarketWatch. com, December 10,2013, http://www.marketwatch.com/story/treasurys-gain-as-investors-factor-in-taper-prospects-2013-12-10.

7 “‘Fragile Five’ Countries Face Taper Crunch,” *Financial Times,* December 17, 2013, http://www.ft. com/intl/cms/s/2/407c42 ac-6703-11e3-a5f9-00144feabdc0.html#axzz2ukSLUaSi.

8 Robert Auerbach, “Massive Misconceptions About Where the Bernanke Fed’s Money Explosion Went,” *Huffington Post,* June 25, 2013, http://www.huffingtonpost.com/robert-auerbach/massive-misconceptions-ab_b_3490373.html.

9 David Malpass, “The Fed ‘Twist’ That Won’t Dance,” *Wall Street Journal,* September 21,2011, http://online.wsj .com/ news/articles/SB1000142405311190406060457657098076 9992022.

10 Peter Ferrara, “How the Government Created a Financial Crisis,” Forbes.com, May 5, 2011, http:// www.forbes.com/sites/peterferrara/2011/05/19/how-the-government-created-a-financial-crisis/.

11 Peter Wallison, “Don’t Be Fooled About Low Rates and the Housing Bubble,” RealClearMarkets.com, January 23, 2013, http://www.realclearmarkets.com/articles/2013/01/23/dont_be_fooled _about_low_rates_and_the_housing_bubble_100106.html.

12 “United States Energy Information Administration, the United States Department of Energy, Petroleum & Other Liquids,” available at http://www.eia.gov/dnav/pet/hist/LeafHandler .ashx?n=pet&s=f000000-3 &f=a.

13 George Melloan, “The Federal Reserve Is Causing Turmoil Abroad,” *Wall Street Journal,* February 23, 2011, http://online.wsj.com/news/articles/SB10001424052748704657704576150202567815380; and Javier Bias, “Global Food Prices Hit Record High,” *Financial Times,* January 5, 2011, http://www.ft.com/intl/cms/s/0/51241bc0-18b4-11e0-b7ee-00144feab49a.html?siteedition =intl#axzz2usqHqaXs.

14 Bureau of Labor Statistics, U.S. Department of Labor, Consumer Price Index Inflation Calculator, available at http://www.bls.gov/data/inflation_calculator.htm.

15 Ibid.

16 Ibid.

17 Mark Gimein, "For U.S. Men, 40 Years of Falling Income," Bloomberg.com, December 31, 2013, http://go.bloomberg.com /market-now/2013/12/31/for-us-men-40-years-of-falling-income/.

18 Ibid.

19 Ianthe Jeanne Dugan and Ruth Simon, "Alternative Lenders Peddle Pricey Commercial Loans," *Wall Street Journal,* January 7, 2014, http://online.wsj.com/news/articles/SB 1000 1424052702304477704579256123272658660.

20 Ibid.

21 Gillian Tan, "Pressed by Regulators, U.S. Banks Skip Deals," *Wall Street Journal,* January 22,2014, http://online.wsj .com/news/articles/SB40001424052702304302704579334820201530010.

22 "74% Want to Audit the Federal Reserve," Rasmussen Reports, November 8, 2013, http://www.rasmussenreports.com / public_content/business/general_business/november_2013/74_want_to_audit_the_federal_reserve.

23 Louis Woodhill, "What Is It About a Stable Dollar That Paul Krugman Doesn't Understand?" Forbes.com, August 29, 2012, http://www.forbes.com/sites/louiswoodhill/2012/08/29/what-is-it-about-a-stable-dollar-that-paul-krugman-doesnt-understand/.

24 Ibid.

25 Ibid.

26 Ibid.

27 Ibid.

28 Charles Kadlec, "Nixon's Colossal Monetary Error: The Verdict 40 Years Later," Forbes.com, August15,2011, http://www.forbes.com/sites/charleskadlec/2011/08/15/nixons-colossal-monetary-error-the-verdict-40-years-later/.

29 Ibid.

30 Ibid.

31 Charles Kadlec, "An International Gold Standard Beats the Rule of the Governing Elite," Forbes.com, December 19,2011, http://www.forbes.com/sites/charleskadlec/2011/12/19/an-international-gold-standard-beats-the-rule-of-the-governing-elite/.

32 Rich Danker, "To Lower the Debt Ceiling, Fix the Monetary System," Forbes.com, March 30,2011, http://www.forbes.com/sites/richdanker/2011/03/30/to-lower-the-debt-ceiling-fix-the-monetary-system/.

33 Stephen Dinan, "U.S. Debt Jumps a Record $328 Billion—Tops $17 Trillion for First Time," *Washington Times*, October 18,2013, http://www.washingtontimes.com/news/2013/oct/18/us-debt-jumps-400-billion-tops-17-trillion-first-t/.

34 Peter Ferrara, "Obama's Budget: The Decline and Fall of the American Economy," Forbes .com, February 16, 2012, http://www.forbes.com/sites/peterferrara /2012/02/16/obamas-

budget-the-decline-and-fall-of-the-american-economy/.

35 Matthias Sobolewski and Dina Kyriakidou, “S&P Downgrades Nine Euro Zone Countries,” *Reuters*, January 14, 2012, http://www.reuters.com/article/2012/01/14/us-eurozone-sp-idUSTRE80C1BC20120114.

36 Jonathan Spicer and Jason Lange, “Yellen Stays the Course, Says Fed to Keep Trimming Stimulus,” *Reuters*, February 11, 2014, http://www.reuters.com/article/2014/02/11/us-usa-fed-idUSBREA1lA06O20140211.

37 Michael Lindenberger, “Janet Yellen Says She’ll Pursue Full Employment,” *Dallas Morning News*, February 11, 2014, http://bizbeatblog.dallasnews.com/2014/02/janet-yellen-says-shell-pursue-full-employment.html/.

38 Greg Robb, “Fed Tapers Bond-Buying Program by $10 Billion,” MarketWatch.com, December 18, 2013, http:// www.marketwatch.com/story/fed-tapers-bond-buying-program-by-10-billion-2013-12-18.

39 Data available from the London Bullion Market Association’s daily gold price fixings, http://www.lbma.org.uk /pages/?page_id=53 &title=gold_fixings.

40 Louis Woodhill, “The Mystery of Income Inequality Broken Down to One Simple Chart,” Forbes .com, March 28, 2013, http://www.forbes.com/sites/louiswoodhill /2013/03/28/the-mystery-of-income-inequality-broken-down-to-one-simple-chart/.

41 William Greider, *Secrets of the Temple: How the Federal Reserve Runs the Country* (New York: Simon & Schuster, 1987).

42 Binyamin Appelbaum, “A Fed Focused on the Value of Clarity,” *New York Times*, December 13,2012, http://www.nytimes.com/2012/12/14/business/economy/a-federal-reserve-that-is-focused-on-the-value-of-clarity.html.

43 Mike Moskow, “Seven Lessons from Real Life,” commencement address (December 2002), master’s of business graduation ceremony, presented at the Kellogg School of Management of Northwestern University, Evanston, IL.

第二章　什么是货币？

1 Federal Reserve Bank of Minneapolis, “The History of Money,” http://www.minneapolisfed.org/community _education/ teacher/history.cfm.

2 Irene Finel-Honigman, *A Cultural History of Finance* (New York: Routledge, 2010), p. 164.

3 Milton Friedman, *Money Mischief: Episodes in Monetary History* (New York: Harcourt Brace & Company, 1994), pp. 3-4.

4 Hedrick Smith, *The Russians* (Quadrangle /New York Times Book Company, 1976), pp. 26-27.

5 Forrest McDonald, *Alexander Hamilton: A Biography* (New York: W.W. Norton & Company, 1982), p. 4.

6 Ibid.

7 Ian Talley, “Taper Shock Helped Emerging Markets Rebalance, Report Says,” *Wall Street Journal,* December 4, 2013, http://blogs.wsj.com/economics/2013/12/04/taper-shock-

helped-emerging-markets-rebalace-report-says/.

8 Nathan Lewis, *Gold: The Once and Future Money* (Hoboken, NJ: John Wiley & Sons, 2007), p. 30.

9 Ibid.

10 Graeme Wearden, "Swiss Bid to Peg 'Safe Haven' Franc to the Euro Stuns Currency Traders," *The Guardian*, September 6, 2011, http://www.theguardian.com/business/2011/sep/06/switzerland-pegs-swiss-franc-euro.

11 Jacob Schlesinger, "Bush Adviser Minimizes Fears over Dollar's Continued Slide," *Wall Street Journal,* May 31, 2002, http://online.wsj. com/news/articles/SB1022796033572248600.

12 Zachary A. Goldfarb, "S&P Downgrades U.S. Credit Rating for First Time," *Washington Post,* August 5, 2011, http://www.washingtonpost.com/business/economy/sandp-considering-first-downgrade-of-us-credit-rating/2011/08/05/gIQA qKeIxI_story. html.

13 Liu Chang, "U.S. Fiscal Failure Warrants a de-Americanized World," Xinhua News Agency, November 13, 2013, http://news.xinhuanet.com/english/indepth/2013-10/13 /c_132794246.htm.

14 Ibid.

15 Blake Ellis, "States Seek Currencies Made of Silver and Gold," CNNMoney.com, February 3, 2012, http://money. cnn. com/2012/02/03/ pf/states_currencies/.

16 Ron Paul and Lewis Lehrman, *The Case for Gold: A Minority Report of the US. Gold Commission,* 2d ed. (Auburn, AL: Ludwig von Mises Institute, 2007), pp. 30-66.

17 Ellis, op. cit.

18 "Manhattan U.S. Attorney Announces Seizure of Additional $28 Million Worth of Bitcoins Belonging to Ross William Ulbricht, Alleged Owner and Operator of'Silk Road' Website," press release, U.S. Attorney's Office, Southern District of New York, October 25,2013.

19 Chris O'Brien and Andrew Tangel, "Bitcoin Virtual Currency Is on the Verge of Collapse," *Los Angeles Times,* February 25, 2014, http://articles.latimes.com/2014/feb/25/business/la-fi-bitcoin-collapse-2 0140226.

20 Kashmir Hill, "Living on Bitcoin for a Week: The Journey Begins," Forbes.com, May 1,2013, http://www.forbes.com /sites/kashmirhill/2013/05/01/living-on-bitcoin-for-a-week-the-journey-begins/.

21 David Seaman, "It's War Between Bitcoin's True Believers and Speculators," Businessinsider.com, April 11, 2013, http://www.businessinsider.com/why-bitcoin-is-falling-2013-4.

22 Paul and Lehrman, op. cit.

23 Friedrich Hayek, *Denationalisation of Money: The Argument Refined: An Analysis of the Theory and Practice of Concurrent Currencies*, 3d ed. (London, U.K.: The Institute of Economic Affairs, 1990), pp. 85-86; found online at mises.org/books/denationalisation .pdf.

24 Friedrich Hayek, "The Uses of Knowledge in Society," *American Economic Review* 35, no. 4 (1945), http://www.econlib.org/library/Essays/hykKnwl .html.

25 Martyn Williams, "Happy Birthday! The Walkman Turns 30," Macworld, July 1, 2009,

http://www.macworld. com/article/114147 5/walkman.html.

26 "Cost of a 1983 Motorola Cell Phone: $3,995," SFGate.com, August 17, 2011, http://www.sfgate.com/business /article/Cost-of-a-1983-Motorola-cell-phone-3-995-2334996.php.

27 Steve Forbes and Elizabeth Ames, *Freedom Manifesto: Why Free Markets Are Moral and Big Government Isn't* (New York: Crown Business, 2012), p. 103.

28 Adam Smith, *Wealth of Na-tions,* vol. 1, book 4, chap. 1, available at the Library of Economics and Liberty, http://www.econlib.org/library/Smith/smWN12.html.

29 Ibid.

30 Ibid.

31 Adam Smith, *Wealth of Nations,* vol. 1, book 1, chap. 1, available at the Library of Economics and Liberty, http://www.econlib.org/library/Smith/smWN1 .html.

32 Ibid.

33 Michael McConnell, "What Would Alexander Hamilton Do?" *Defining Ideas* (Hoover Institution journal), July 22,2011, http://www.hoover.org/publications/defining-ideas/article/86451.

34 Alexander Hamilton, *The Works of Alexander Hamilton,* vol. 3, ed. Henry Cabot Lodge (New York: G.P. Putnam & Sons, 1904), p. 362.

第三章 货币与贸易

1 William R. Thompson, *The Emergence of the Global Political Economy* (London: Routledge Press, 2000), p. 126.

2 Frank Trentmann, ed., *The Oxford Handbook of the History of Consumption* (New York: Oxford University Press, 2012), p. 624.

3 Fordham University, "Jean Baptiste Colbert (1619-1683): Memorandum on Trade, 1664," *Modern History Sourcebook*, http://www.fordham.edu/halsall/mod/1664colbert.asp.

4 Thompson, op. cit., p. 127.

5 Scott C. Bradford, Paul L. E. Grieco, and Gary Clyde Hufbauer, "The Payoff to America from Globalisation," *World Economy* 29(7), July 2006, pp. 893-916.

6 Takashi Nakamichi, "Geithner Affirms Strong Dollar Policy," *Wall Street Journal,* November 11, 2009, http://online.wsj.com/ news/articles/SB 125792362908743307.

7 Christina D. Romer, "Needed: Plain Talk About the Dollar," *New York Times*, May 21, 2011, http://www.nytimes .com/2011/05/22/business/economy/22view.html?pagewanted=all.

8 Sandra Kollen Ghizoni, "Nixon Ends Convertibility of U.S. Dollars to Gold and Announces Wage/Price Controls," FederalReserveHistory.org, November 22,2013, http://www.federalreservehistory.org/Events/DetailView/33.

9 Sylvia Nasar, "Robert Triffin, 81, an Economist Who Backed Monetary Stability" (obituary), *New York Times,* February 27,1993, http://www.nytimes.com/1993/02/27/nyregion/robert-triffin-81-an-economist-who-backed-monetary-stability.html.

10 U.S. Bureau of the Census, "U.S. Trade in Goods and Services—Balance of Payments (BOP) Basis Value in Millions of Dollars 1960 through 2012," February 8, 2013, http://

www.census .gov/foreign-trade/statistics/historical/gands.txt.

11 Roger Lowenstein, "The Nixon Shock," Busi nessweek.com, August 4,2011, http://www.businessweek.com/magazine /the-nixon-shock-0804201 l.html.

12 Lewis E. Lehrman, "The Nixon Shock Heard 'Round the World," *Wall Street Journal,* August 15,2011, http://online.wsj. com/news/artdcles/SB 1000142405 3111904007304576 494073418802358.

13 Daniel Griswold, "The Unhappy 40th Anniversary of Nixon's Wage and Price Controls," Cato Institute, August15, 2011, 2011, http://www.cato.org/blog/unhappy-40th-anniversary-nixons-wage-price-controls.

14 Federal Reserve Bank of Richmond, "FAQs: Gold & Silver," http://www.richmondfed.org/faqs/gold_silver/.

15 John Black, Nigar Hashimzade, and Gareth Myles, *A Dictionary of Economics* (New York: Oxford University Press, 2003), p. 141.

16 Trader Joe, "StockMarket Crash—1974," iStockAnalyst.com, June 26, 2009, http://www.istockanalyst.com/article/viewarticle /articleid/3 314883.

17 Michael L. Ross, "How the 1973 Oil Embargo Saved the Planet," *Foreign Affairs,* October 15, 2013, http:// www.foreignaffairs.com/articles/140173/michael-l-ross/how-the-1973-oil-embargo-saved-the-planet.

18 Board of Governors of the Federal Reserve System, "Bank Prime Loan Rate Changes: Historical Dates of Changes and Rates," http://research.stlouisfed.org/fred2/data/PRIME.txt.

19 National Mining Association, "Historical Gold Prices—1833 to Present," http://www.nma.org/pdf/gold/his_gold _prices.pdf.

20 "Unemployment Rate. President: Richard Milhous Nixon." PortalSeven.com, accessed December 2,2013, http://portalseven.com/employment/unemployment_rate_for_president_term.jsp ?president=Richard% 20Milhous% 20Nixon.

21 Callum Henderson, *Currency Strategy* (Hoboken, NJ: John Wiley & Sons, 2006), p. 203.

22 Michael Bordo, Barry Eichengreen, Daniela Klingebiel, and Maria Soledad Martinez-Peria, "Is the Crisis Problem Growing More Severe?" *Economic Policy* 16(32), April 2001, pp. 53-82, http://www.sfu.ca/~djacks/courses/ECON372/Papers/Bordo %20et%20al,%20Is%20the%20Crisis%20Problem%20Growing%20 More% 20Severe.pdf.

23 Office of the Press Secretary, "Remarks by the President in the State of the Union Address," WhiteHouse .gov, February 12, 2013, http://www.whitehouse.gov/the-press-office /2013/02/12/remarks-president-state-union-address.

24 Helene Cooper, "Obama Sets Ambitious Export Goal," *New York Times,* January 28, 2010, http://www.nytimes.com/2010/01 /29/business/29trade.html?_r=0.

25 Jeff Macke, "Black Monday: The 1987 Market Crash Revisited," Yahoo! Finance, October 19, 2012, http://finance.yahoo.com/blogs/breakout/black-monday-1987-market-crash-revisited-113951060.html.

26 Tim Metz, Alan Murray, Thomas E. Ricks, and Beatrice E. Garcia, "Stocks Plummet 508 Amid Panicky Selling," *Wall Street Journal,* October 20, 1987, http://online.wsj.com/news/articles/SB 10000872396390444734804578064571593598196.

27 Jude Wanniski, *The Way the World Works,* 4th ed. paperback (Washington, DC: Regnery, 1998), p. 136.

28 Eamonn Fingleton, "Apocalypse Soon: The U.S. Dollar's Grim Future—and How to Prepare for It," Forbes.com, July 15, 2013, http://www.forbes.com/sites/eamonnfingleton/2013/07/15/apocalypse-soon-the-u-s-dollars-grim-future-and-how-to-prepare-for-it/.

29 James Rickards, *Currency Wars: The Making of the Next Global Crisis*, reprint edition (New York: Portfolio Trade, 2012), p. 4.

30 David Yin, "Singapore Needs Immigrants, Says Jim Rogers," Forbes.com, June 6, 2013, http://www.forbes.com/sites /davidyin/2013/06/06/singapore-needs-immigrants-says-jim-rogers/.

31 Daniel Kruger, "China Treasury Holdings Drop to 6-Mo. Low as Yields Rise," *Bloomberg News*, October 22, 2013, http://www.bloomberg.com/news/2013-10-22/china-treasury-holdings-drop-to-6-mo-low-as-yields-rise.html.

32 Jamil Anderlini, "China Calls for New Reserve Currency," *Financial Times*, March 24,2009, http://www.ft.com/cms /s/0/785192 5a-17a2-11 de-8c9d-0000779fd2ac.html#axzz2mXeDqFQH.

33 Mark Skousen, *Economic Logic*, 4th ed. (Washington, DC: Regnery, 2013), p. 349.

34 Daniel Griswold, "America's Maligned and Misunderstood Trade Deficit," Cato Institute, April 20, 1998, http://www.cato.org/publications/trade-policy-analysis/americas-maligned-misunderstood-trade-deficit.

35 Mark J. Perry, "Nations Don't Trade with Each Other; Individuals Do" (blog), January 5, 2010, http://mjperry.blogspot.com/2010/01/countries-dont-trade-with-each-other.html.

36 Mark Crawford, "Shale Exploration Drives the Demand for Steel," WellServicingMagazine.com, May/June 2012, http://www.wellservicing-magazine.com/cover-story/2012/05/shale-exploration-drives-the-demand-for-steel/.

37 U.S. Department of Commerce, "U.S. Goods Trade: Imports & Exports by Related Parties 2012," US Census Bureau Press Release CB13-66, May 2,2013, http://www.census.gov / foreign-trade/Press-Release/2012 pr/aip/relate d_party/rp 12-text.pdf.

38 Robert Koopman, Zhi Wang, and Shangjin Wei, "How Much of Chinese Exports Is Really Made in China?" Office of Economics, U.S. International Trade Commission, March 2008, http://wwu.usitc.gov/publications/332/working_papers /ec2 00803 b_revised.pdf.

39 Andrew Batson, "Not Really 'Made in China,'" *Wall Street Journal,* December 15, 2010, http://online.wsj.com/news /articles/SB10001424052748704828104576021142902413796.

40 Mark Rogowsky, "Apple's Addiction: It Can't Just Say No to Profit Margins," Forbes.com, September 11, 2013, http://www.forbes.eom/sites/markrogowsky/2013/09/11/marginal-cost-and-benefit-apples-addiction-to-iphone-profits/.

41 Griswold, "America's Maligned and Misunderstood Trade Deficit," op. cit.

42 Department of Commerce, Bureau of Economic Analysis website, www.bea .gov; see quarterly "US International Transactions" press releases.

43 Marc Chandler, *Making Sense of the Dollar: Exposing Dangerous Myths about Trade and Foreign Exchange* (Hoboken, NJ: Bloomberg Press, 2009), pp. 14,21.

44 Ibid., pp. 488-492.

45 Mark J. Perry, "Think of 'Trade Deficits' as 'Job-Generating, Capital-Creating Foreign Investment Surpluses for a Better America,'" American Enterprise Institute, March 14,2013, http:// www.aei-ideas.org/2013/03/think-of-trade-deficits-as-offsetting-job-creating-foreign-investment-surpluses-for-a-better-america/.

46 Daniel Griswold, "The Truth About Trade Deficits," Cato Institute, June 14,2011, http:// www.cato.org /publications/commentary/truth-about-trade-deficits-jobs.

47 "The Yuan Scapegoat," *Wall Street Journal* Review and Outlook (editorial), March 18,2010, http://online.wsj. com/news/articles/SB 10001424052748704743404575127511778280940.

48 Edward Lazear, "Chinese'Currency Manipulation' Is Not the Problem," *Wall Street Journal,January* 7,2013, http://online.wsj .com/news/articles/ SB10001424127887323320404578 213203581231448.

49 Yumi Kuramitsu and Jake Lee, "China Ends Yuan Dollar Peg, Shifts to Currency Basket," Bloomberg.com, July 21, 2005, http://www.bloomberg.com/apps/news?pid=news archive&sid=a04ESaRrTpcU.

50 Lazear, op. cit.

51 U.S. Census Bureau, "Trade in Goods with China," http://www.census.gov/foreign-trade/ balance/c5700.html.

52 FXTOP.COM historical exchange rates, http://fxtop.com/en/historical-exchange-rates.php.

53 Takashi Nakamichi and Tatsuo Ito, " Japan's Call for Weaker Yen Spurs Talk Copycat Movves," Wall *Street Journal,* December 27, 2012, http://online.wsj.com/news/articles /SB 10001424127887323984704578205303116695058.

54 Bill Conerly, "Future of the Dollar as World Reserve Currency," Forbes.com, October 25, 2013, http://www.forbes.com/sites/billconerly/2013/10/2 5/future-of the-dollar-as-world-reserve-currency/.

55 CNN Library, "European Debt Crisis Fast Facts," September 14,2013, http://www.cnn. com/2013/07/27/world/europe/european-debt-crisis-fast-facts/.

56 Louis Woodhill, "The ECB, Not Greece, Threatens the Euro," RealClearMarkets, January 18, 2011, http://www. realclearmarkets.com/articles/2011/01/18/the_ecb_not_greece_ threatens _the_euro_98831 .html.

57 Ibid.

58 Mark Hendrickson, "The Euro Is a Frankenstein Currency," Forbes.com, June 21, 2012, http://www.forbes.com/sites/markhendrickson/2012/06/21/the-euro-is-a-frankenstein-currency/.

59 "Euro Area Member States," Eurozone Portal, accessed March 5,2014, http://www. eurozone.europa.eu/euro-area/euro-area-member-states/.

60 George Melloan, "The Euro Has Been a Smashing Success," *Wall Street Journal,* March 8, 2010, http://online. wsj.com/news/articles/SB1000142405274870386270457509981292074 1300.

61 Goldstein, "Most $100 Bills Live Outside the U.S.," NPR.org, April 17,2013, http://www.npr. org/blogs/money/2013 /04/12/177051690/most-100-bills-live-outside-the-u-s.

62 John C. Williams, "Cash Is Dead! Long Live Cash!" *Federal Reserve Bank of San*

Francisco 2012 Annual Report, http:// www.frbsf.org/publications/federalreserve/annual/2012/2012_Annual _Report_Essay.pdf.

63 Ronald I. McKinnon, "Tapering Without Tears—How to End QE3," *Wall Street Journal,* October 27, 2013, http ://online. wsj. com/news/articles/SB10001424052702304799404579153693500945608.

64 Kimberly Amadeo, "National Debt by Year," About.com, accessed March 5, 2014, http://useconomy.about .com/od/usdebtanddeficit/a/National-Debt-by-Year.htm.

第四章 货币与财富

1 Annalyn Kurtz, "Smooth Sailing for Yellen in Front of Senate," Money.CNN.com, November 14,2013, http://money. cnn.com/2013/11/14/news/economy/janet-yellen-confirmation-hearing/.

2 "Gross Domestic Product," Bureau of Economic Analysis, accessed February 27, 2014, http://www.bea.gov / national/xls/gdpchg.xls.

3 Board of Governors of the Federal Reserve System, "Credit and Liquidity Programs and the Balance Sheet: Recent Balance Sheet Trends," FederalReserve.gov, accessed December 19,2013, http://www.federalreserve.gov/monetarypolicy/bst_recenttrends .htm.

4 Board of Governors of the Federal Reserve System, "Aggregate Reserves of Depository Institutions and the Monetary Base," FederalReserve.gov, accessed December 17, 2013 http://www.federalreserve.gov/releases/h3/current/.

5 Ibid.

6 Nick Nasad, "FOMC Does the 'Twist,' but Markets Respond with Risk-Off and USD Strength," *FXTimes*, September 21,2011, http://www.fetimes.com/fundamental-updates/fomc-does-the-twist-but-markets-respond-with-risk-off-and-usd-strength/.

7 "A Worthless Currency," *The Economist,* July 17, 2008, http://www.economist.com/node/11751346.

8 "Q&A: Zimbabwe's Econ-omy," *BBC News,* July 31,2007, http://news.bbc.co.Uk/2/hi/6922441.stm.

9 Steve H. Hanke and Nicholas Krus, "Working Paper No. 8: World Hyperinflations," Cato Institute, August 15,2012, http://www.cato.org/publications /working-paper/world-hyperinflations.

10 Patrick McGroarty and Farai Mutsaka, "How to Turn 100 Trillion Dollars into Five and Feel Good about It," *Wall Street Journal,* May 11, 2011, http://online.wsj.com/news/articles /SB10001424052748703730804576314953091790360.

11 Paul Krugman, "Free-Floating Inflation Hysteria," NYTimes.com, November 5, 2013, http://krugman.blogs.nytimes.eom/2013/l 1/05/free-floating-inflation-hysteria/?_r=0.000.

12 Neil Irwin, "Janet Yellen Faced the Senate Today. Here's Everything You Need to Know," Washington post.com (Wonkblog), November 14,2013, http ://www.washingtonpost. com/blogs/wonkblog/wp/2013/11/14/janet-yellen-faces-the-senate-today-click-here-for-up-to-the-minute-updates/.

13 Bureau of Labor Statistics, "Consumer Price Index, November 2013," U.S. Department of

Labor Press Release USDL-13-2390, accessed December 19, 2013, http://www.bls.gov/news.release /pdf/cpi.pdf.

14 "Consumer Price Index—Average Price Data, Ground Beef, 100% Beef, per lb." Bureau of Labor Statistics, accessed March 6, 2014, http://data.bls.gov/timeseries/APU0000703112.

15 Bureau of Labor Statistics, http://data.bls.gov/cgi-bin/surveymost.

16 Michael Sivy, "If There's No Inflation, Why Are Prices Up So Much?"Time.com, March 12,2013, http:// business.time.com/2013/03/12/if-theres-no-inflation-why-are-prices-up-so-much/#ixzz2o1 plLDlJ.

17 Peter Schiff, "Inflation Propaganda Exposed," Euro Pacific Capital, January 10, 2013, http://www.europac.net/cominentaries/inflation_propaganda_exposed.

18 John Williams, "Alternate Inflation Charts," Shadow Government Statistics, accessed March 6,2014, http://www.shadowstats.com/alternate_data/inflation-charts.

19 Goldprice.org, accessed March 6, 2014, http://goldprice.org/gold-price-history.html.

20 Reuters.com, accessed October 10, 2013.

21 Richard Finger, "The Federal Reserve Is Making a Big Mistake," Forbes.com, September 20, 2013, http://www.forbes.com/sites/richardfinger/2013/09/2o/the-federal-reserve-is-making-a-big-mistake.

22 Binyamin Appelbaum, "In Fed and Out, Many Now Think Inflation Helps," *New York Times*, October 26, 2013, http:// www.nytimes.com/2013/10/27/business/economy/in-fed-and-out-many-now-think-inflation-helps.html?_r=0.

23 Ibid.

24 Amity Shlaes, "Watch Bernanke's 'Little' Inflation Capsize U.S.," Bloomberg.com, March 14, 2012, http://www.bloomberg.com/news/2012-03-14/watch-bernanke-s-little-inflation-capsize-u-s-amity-shlaes.html.

25 Ibid.

26 Ibid.

27 Ibid.

28 Kevin D. Hoover, "Phillips Curve," Library of Economics and Liberty, accessed March 24,2014, http://www.econlib.org/library/Enc/PhillipsCurve.html.

29 Brian Domitrovic, "The Economics Nobel Goes to Sargent & Sims: Attackers of the Phillips Curve," Forbes.com, October 10,2011, http://www.forbes.com/sites / briandomitrovic/2011/10/10/the-economics-nobel-goes-to-sargent-sims-attackers-of-the-phillips-curve/.

30 "Labor Force Statistics from the Current Population Survey: Unemployment Rate—Civilian Labor Force—LNS14000000," Bureau of Labor Statistics, accessed March 6, 2014, http://data.bls.gov/cgi-bin/surveymost?ln.

31 Brian Domitrovic, "The Fed Is Failing Its Unemployment Mandate," Forbes.com, September 20,2011, http://www.forbes.com/sites/briandomitrovic/2011/09/20 /the-fed-is-failing-its-unemployment-mandate/.

32 "Unemployment Rates in the United States Since 1948," DaveManual.com, accessed March24,2014, http://www.davemanuel.com/historical-unemployment-rates-in-the-united-states.php.

33 Domitrovic, "The Fed Is Failing Its Unemployment Mandate," op. cit.

34 For the 1920s: "The Measurement and Behavior of Unemployment," National Bureau of Economic Research, 1957, p. 215; for the 1960s: "Household Data Annual Averages: Employment Status of Civilian Noninstitutional Population, 1943 to date," National Bureau of Economic Research.

35 Ron Paul, "The Coming Debt Limit Drama: Government Wins, We Lose," The-Free-Foundation.org, January 21,2013, http://www.the-free-foundation.org/tstl-21-2013.html.

36 Appelbaum, op. cit.

37 Murray N. Rothbard, "What Has Government Done to Our Money?" Ludwig von Mises Institute, accessed March 6,2014, http://mises.org/money/3s2.asp.

38 Finger, op. cit.

39 Catherine Rampell, "As Low Rates Depress Savers, Governments Reap Benefits," NYTimes.com, September10,2012, http://www.nytimes.com/2012/09/11/business/as-low-rates-depress-savers-governments-reap-the-benefits.html?pagewanted=all.

40 John Locke, *The Works of John Locke*, vol. 5 (London: Thomas Davison, Whitefriars, 1823), p. 145.

41 Finger, op. cit.

42 Kaiser Family Foundation, "Medicare Spending and Financing Fact Sheet, " KFF.org, November 14,2012, http:// kff.org/medicare/fact-sheet/medicare-spending-and-financing-fact-sheet/.

43 U.S. Department of Agriculture, Food and Nutrition Service, "Supplemental Nutrition Assistance Program Participation and Costs" (program data), fns.usda.gov, February 7,2014, http://www.fns.usda.gov/pd/snapsummary.htm.

44 The source for $3 oil: Energy Information Administration, http://eia.gov/dnav/pet/hist; the almost $40: James L.Williams, "Oil Price History and Analysis," WTRG Economics, http://wtrg.com/prices.htm, accessed March 24,2012.

45 Bureau of Labor Statistics, "Oil and Gas Extraction," Series CES1021100001, http://data.bls.gov/pdq/SurveyOutputServlet.

46 Rich Karlgaard, "Ahead of Their Time: Noble Flops," Forbes.com, August 14,2013, http://www.forbes.com/sites/richkarlgaard/2013/08/14/ahead-of-their-time-noble-flops/.

47 Adam Fergusson, *When Money Dies: The Nightmare of the Weimar Collapse* (London: William Kimber, 1975), p. 64; available online at ThirdParadigm.org, http://third paradigm.org/doc/45060880-When-Money-Dies.pdf.

48 Jim Powell, "The Pleasures and Perils of Tax Loopholes," Forbes.com, March 7, 2012, http://www. forbes.com/sites/jimpowell/2012/03/07/the-pleasures-and-perils-of-tax-loopholes/.

49 Peter J. Wallison, "Fannie, Freddie Caused the Financial Crisis," *USA Today*, November 25,2011, http://www.aei.org/article/economics/financial-services/housing-finance /fannie-freddie-caused-the-financial-crisis/.

50 Federal Reserve Press Release, June 25, 2003, http://www.federalreserve.gov/boarddocs/press/monetary /2003/20030625/.

51 Robert P. Murphy, "Evidence that the Fed Caused the Housing Boom," Ludwig von Mises

Institute, Mises Daily, December 15,2008, http://mises.org/daily/3252.

52 Financial Crisis Inquiry Commission, *Financial Crisis Inquiry Report,* January 2011, p. 70, http://www.gpo. gov/fdsys/pkg/GPO-FCIC/pdf/GPO-FCIC.pdf.

53 Steve Forbes and Elizabeth Ames, *Freedom Manifesto* (New York: Random House, 2012), p. 149.

54 Robert P. Murphy, "Did the Fed Cause the Housing Bubble?" Ludwig von Mises Institute, Mises Daily, April 14,2008, http://mises.org/daily/2936.

55 Brian S. Wesbury and Robert Stein, "Bernanke Finally Fingers Mark-to-Market," National Review.com, March 8,2010, http://www.nationalreview.com/articles/229276/bemanke-finally-fingers-mark-market/brian-s-wesbury.

56 Alex J. Pollock, "Americans' Pre-Crisis Wealth Was an Illusion," American Enterprise Institute, June 21, 2012, http://www.aei-ideas.org/2012/06/americas-pre-crisis-wealth-was-an-illusion/.

57 Zoran Balac, "Monetary Inflation's Effect on Wealth Inequality," Ludwig von Mises Institute, August 6, 2008, http://mises.org/journals/qjae/pdf/qjae 11_1_1. pdf.

58 Bernard Condon, "Dow Jones Climbs 206 Points on Fed Stimulus News," *Huffington Post*, September 13, 2012, http://www.huffingtonpost.com/2012/09/13/dow-jones-fed-stimulus _ n_1882063.html.

59 Anthony Randazzo, "How Quantitative Easing Helps the Rich and Soaks the Rest of Us," Reason.com, September 13, 2012, http://reason.com/archives/2012/09/13/occupy-the-fed.

60 "Low Dollar Helps Fuel Record High Price for Crude Oil," *New York Times*, October 26, 2007, http://www.nytimes.com/2007/10/26/business/worldbusiness/26iht-oiL4.8070642. html.

61 Christine Harvey and Asjylyn Loder, "Fracking Boom Pushes U.S. Oil Output to 25-Year High," *Bloomberg News*, December 11, 2013, http://www.bloomberg.com /news/2013-12-1 l/fracking-boom-pushes-u-s-oil-output-to-2 5-year-high.html.

62 David Hammes and Douglas Willis, "Black Gold: The End of Bretton Woods and the Oil-Price Shocks of the 1970s," *Independent Review*, March 22, 2005, http://www. thefreelibrary .com/Black+gold%3A+the+end+of+Bretton+Woods+and+the+oil-price+shocks+of+the...-a0 131605 501.

63 Ralph Benko and Charles Kadlec, *The 21st Century Gold Standard* (Washington, DC: Webster's Press, 2011) and available online at AGoldenAge.com, http:// agoldenage.com/ downloads/goldbook_with_cover_final.pdf.

64 John Maynard Keynes, *Essays in Persuasion* (New York: W. W. Norton & Co., 2011), first published 1931.

65 Taner M. Yigit, "Effects of Inflation Uncertainty on Credit Markets: A Disequilibrium Approach," Bilkent University, Ankara, undated, http://economics.bilkent.edu.tr/papers/02-09% 2 0DP_T.Yigit.pdf.

66 Lynn Tilton, "Financing for Small Business" WSJ Startup of the Year, undated, http:// projects.wsj.com/soty /mentor/lynn-tilton.

67 Cathy McMorris Rodgers, "Reverse the Fed's Monetary Practices," Forbes.com, September 21,2010, http://www.forbes .com/2010/09/21/federal-reserve-spending-barack-

obama-opinions-contributors-cathy-mcmorris-rodgers.html.

68 Steve Forbes, "Finally! The Fed May Stop Poisoning the Economy," Forbes.com, July 15, 2013, http://www.forbes.com /sites/steveforbes/2013/06/2 6/finally-the-fed-may-stop-poisoning-the-economy/.

69 U.S. Department of Labor, Bureau of Labor Statistics, CPI Inflation Calculator, http://www.bls.gov/data /inflation_calculator.htm.

70 National Journal staff, "Pew Research: Older Americans' Net Worth Up; Younger Americans' Net Worth Down," NationalJournal.com, November 7, 2011, http://www .nationaljournal.com/economy/pew-research-older-americans-net-worth-up-younger-americans-net-worth-down-20111107.

71 Benko and Kadlec, op. cit.

72 Gary Marx, "For Poor Argentines, 'There Is No Work,'" *Chicago Tribune*, May 20,1990, http:// artides.chicagotribune.eom/1990-05-20/news/9002110268_l_buenos aires-poor-argentines-argentina.

73 Ken Parks, "New Program Sets Stage for Annual Wage Talks," *Wall Street fournal*, January 3, 2014, http://online.wsj .com/news/articles/SB10001424052702303870704579298491 504285038, quoted at http://argentinasalvajizada.wordpress. com/2014/01/07/argentine-update-jan-6-2014/.

74 Graciela Ibáñez, "Travel Alert: Dollars Fetch a Premium in Black Markets of Argentina, Venezuela," Forbes.com, January 15, 2014, http://www.forbes.com/sites/janetnovack/2014/01/15/travel-alert-dollars-fetch-a-premium-in-black-markets-of-argentina-venezuela/.

75 Moisés Naim, "Venezuela's Move to Devalue Is Desperate," FT.com, February 13, 2013, http://www.ft.com/intl / cms/s/0/8fd3 02 52-75d5-11 e2-9891-00144feabdc0.html#axzz2 qfdm IUdo.

76 Ibid.

77 "Brazil GDP—Real Growth Rate," Index Mundi, accessed March 6,2014, http://www.indexmundi.com/brazil/gdp_real_growth_rate.html.

78 Sara Hamdan, "Saudi Arabia to Fine Firms with Too Many Foreign Workers," *New York Times*, November 21, 2012, http://www.nytimes.com/2012/11/22/world/middleeast/saudi-arabia-to-fine-firms-with-too-many-foreign-workers.html?_r =0.

79 Mark Bautz, "How a Capital-Gains Cut Will Change the Way You Invest," CNNMoney.com, August 1, 1997, http://money.cnn.com/magazines/moneymag/moneymag_archive/1997/08/01/229754/index.htm; Matthew L. Wald, "Attention InternetShoppers: No New Taxes," *New York Times*, October 9, 1998, http:// www.nytimes.com/1998/10/09/business/attention-internet-shoppers-no-new-taxes .html.

80 "Historical Gold Prices—1833 to Present," National Mining Association, accessed March 6, 2014, http://www.nma.org/pdf/gold /his_gold_prices.pdf.

81 "Agricultural Prices," U.S. Department of Agriculture, National Agricultural Statistics Service, December 30, 1999, http://usda01.library.cornell.edu/usda/nass/AgriPric//1990s/1999 /AgriPric-12-3 0-1999.pdf.

82 "The Next Shock? " *The Economist*, March 4,1999, http://www.economist.eom/node/l

88181.

83 Declan McCullagh, “Nasdaq 5,000: Ten Years After the Dot-Com Peak,” CNET.com, March 10, 2010, http:// news.cnet.com/83 01-10784_3-10466637-7 .html.

84 Goldprice.org, http://goldprice.org/ gold-price-history.html.

第五章 货币与道德

1 John Maynard Keynes, *The Economic Consequences of the Peace* (New York: Harcourt, Brace, and Howe, 1920), chap. 5; available online from the Library of Economics and Liberty at http://www. econlib.org/library/YPDBooks/Keynes/kynsCP6. html #VL13.

2 Dylan Grice, “The Loss of Trust and the Great Disorder,” *Edelweiss Journal,* no. 9, October 2012, p. 1, http:// www.edelweissjournal.com/pdfs/EdelweissJournal-009.pdf.

3 Paul Hein, “The Root of All Evil,” Lew Rockwell.com, March 4, 2009, http://www. lewrockwell.com/2009/03 / paul-hein/the-root-of-all-evil/.

4 Ciaran Ryan, “Riot Alert: Look Out Argentina, South Africa, Turkey, and India,” *Economic Policy fournal,* February 27, 2013, http://www.economicpolicy journal.com/2013/02/riot-alert-look-out-argentina-south.html.

5 Chris Becker, “A Response to a Criticism of My Inflation-Social Unrest Research,” ChrisLBecker .com (blog), February 13, 2013, http://chrislbecker.com/2013/02/13/ response-to-a-criticism-of-my-inflation-social-unrest-research/.

6 “Partisan Polarization Surges in Bush, Obama Years,” Pew Research Center for the People & the Press, June 4, 2012, http://www.people-press .org/2012/06/04/partisan-polarization-surges-in-bush-obama-years/.

7 Grice, op. cit., p. 5.*money printing exercise is to turn society against itself* Michael Skocpol, “Dylan Grice: Witch Hunts, Inflation Fears, and Why I’m Bearish in 2013,” Advisor Perspectives, January 22,2013, http://advisorperspectives .com/newsletters 13/ pdfs/Dylan_Grice-Witch_Hunts_Inflation_Fears_and_Why_Im_Bearish_in_2013.pdf.

8 Bruce Yandle, “Lost Trust: The Real Cause of the Financial Meltdown,” *Independent Review*, Winter 2010, pp. 343-344, http://www.independent.org/pdf/tir/tir_14_03_02_yandle.pdf.

9 Francis Fukuyama, *Trust: Human Nature and the Reconstitution of Social Order*, Kindle Ed. (New York: Free Press, 2008), p. 26.

10 Ibid., p. 30.

11 Trading Economics, Interest Rate, Country List, www.tradingeconomics.com/country-list/ interestrate.

12 Nathan Lewis, “The 1870-1914 Gold Standard: The Most Perfect One Ever Created,” Forbes.com, January 3, 2013, http://www.forbes.com/sites/nathanlewis/2013/01/03/the-1870-1914-gold-standard-the-most-perfect-one-ever-created/.

13 “Public Trust in Government: 1958-2013,” Pew Research Center for the People & the Press, October 18,2013, http://www.people-press.org/2013/10/18/trust-in-government-interactive/; “Lack of Trust—Caused by Institutional Corruption—Is Killing the Economy,” *Washington’s Blog*, May 4, 2012 (citing the Chicago Booth/Kellogg School

Financial Trust Index), http:// www.washingtonsblog.com/2012/05/trust.html; Ron Fournier and Sophie Quinton, "In Nothing We Trust," *National fournal,* April 19, 2012, http://www.nationaljournal.com/features/restoration-calls/in-nothing-we-trust-20120419.

14 Public Trust in Government (Pew), op. cit.

15 Yandle, op. cit., pp. 345-346.

16 Ibid., p.358.

17 Mark Landler, "The U.S. Financial Crisis Is Spreading to Europe," *New York Times*, October 1, 2008, p. Cl, http:// www.nytimes.com/2008/10/01 /business/worldbusiness/01global.html ?pagewanted=print.

18 "Greece Government Bond 10Y," Trading Economics, accessed March 6, 2014, http:// www .tradingeconomics.com/greece/government-bond-yield.

19 "Greece's Default: The Wait Is Over," *The Economist*, March 17,2012, http://www. economist.com/node /21550271.

20 "Most Popular Scapegoats for Europe's Crisis," CNBC.com, May 24,2011, http://www. cnbc.com/id/43106681.

21 "FAO Food Price Index," Food and Agriculture Organization of the United Nations, http:// www. fao.org/worldfoodsituation/foodpricesindex/en/; "World Food Prices Reach New Historic Peak," Food and Agriculture Organization of the United Nations, February 3, 2011, http://www.fao.org/news/story/en/item/50519/icode/.

22 Alaa Shahine, "Tunisia Revolt Threatens Rulers Sharing Ben Ali's Regime Model," *Bloomberg News,* January 17, 2011, http://www.bloomberg.com/news/2011-01-16 / tunisian-uprising-may-threaten-arab-rulers-sharing-ben-ali-s-regime-model.html.

23 George Melloan, "The Federal Reserve Is Causing Turmoil Abroad," *Wall Street Journal,* February 23, 2011, http://online.wsj.com/news/articles/SB100014240527487 04657704576150202567815380.

24 Ibid.

25 Keynes, op. cit.

26 Grice, op. cit., pp. 2-3.

27 Sewell Chan and Jack Ewing, "Greek Leader Wants to Restrict Speculative Trades," *New York Times,* March 8, 2010, http://www.nytimes.com/2010/03/09/business/global /09drachma.html?_r =0.

28 Rod Mills and Martin Brown, "Sir Fred's £3m Mansion Hit by Bank Protesters," *Daily Express,* March 26, 2009, http://www.express.co.uk/news/uk/91106/Sir-Fred-s-3m-mansion-hit-by-bank-protesters.

29 Aislinn Simpson, "Sir Fred Goodwin Attack: Bank Bosses Are Criminals Group Claims Responsibility," *Telegraph,* March 25,2009, http://www.telegraph.co.uk/finance/ newsbysector/banksandfinance/5048091/Sir-Fred-Goodwin-attack-Bank-Bosses-Are-Criminals-group-claims-responsbility.html.

30 Grice, op. cit., p. 4.

31 Shannon Jones, "Detroit: 'This System Is Rigged for a Very Few,'" World Socialist Website, October 19, 2011, http://www.wsws.org/ en/ articles/2011/10/occd-o19.html.

32 Matt Taibbi, "Wall Street Isn't Winning—It's Cheating," *Rolling Stone,* October 25, 2011,

http://www.rollingstone.com/politics/blogs/taibblog /owss-beef-wall-street-isnt-winning-its-cheating-20111025.

33 Paul Krugman, "Rich Man's Recovery," *New York Times,* September 12, 2013, p. A25, http://www.nytimes.com/2013/09/13/opinion/krugman-rich-mans-recovery.html.

34 Ibid.

35 Landon Thomas Jr., "What's Broken in Greece? Ask an Entrepreneur," *New York Times,* January 29,2011, http:// www.nytimes. com/2011/01/30/business/30greek. html?pagewanted=all.

36 Ian Silvera, "Greek Unemployment Rate Climbs to Record High as Eurozone Jobless Holds," *International Business Times*, January 9, 2014, http://www.ibtimes.co.uk /greek-unemployment-rate-climbs-record-high-eurozone-jobless-holds-1431636.

37 Max Chafkin, "A Constant Feeling of Crisis," *Inc.,* June 2011, http://www.inc.com/ magazine/2011 06/doing-business-in-argentina.html.

38 International Monetary Fund, "New Policies to Fend Off Financial Crises," *IMF Survey Magazine,* September 16,2013, http://www.imf.org/external /pubs/ft/survey/so/2013/ POL091613A.htm; Bianca De Paoli and Matthias Paustian, "Coordinating Monetary and Macroprudential Policies," Federal Reserve Bank of New York Staff Reports, no. 653, November 2013, http://www.newyorkfed. org/ research/staff_reports/sr653.pdf.

39 John H. Cochrane, "The Danger of an All-Powerful Federal Reserve," *Wall Street Journal,* August 26, 2013, http://online.wsj.com/news/articles/SB 10001424127887323906804579036571835323800.

40 Ben Protess and Jessica Silver-Greenberg, "In Extracting Deal from JPMorgan, U.S. Aimed for Bottom Line," *New York Times,* DealBook (blog), November 13, 2013, http:// dealbook.nytimes.com/2013/11/19/13-billion-settlement-with-jpmorgan-is-announced/.

41 "Robbery at J.P. Morgan," *Wall Street fournal,* September 29, 2013, http://online.wsj.com/ news/articles /SB10001424127887324619504579026860113942236.

42 Jimmy Carter, "Crisis of Confidence," The Carter Center, July 15, 1979, http://www. cartercenter.org/news/editorials_speeches/crisis_of_confidence.html.

43 Mike Obel, "Why India's Currency, the Rupee, Has Plummeted to a Record Low Against the Dollar," *International Business Times,* August 28, 2013, http://www.ibtimes.com/why-indias-currency-rupee-has-plummeted-record-low-against-dollar-1401400.

44 "Government Targets TV Imports by Passengers as Rupee Plummets," Reuters, August 19, 2013, http://in.reuters.com/article/2013/08/19/india-economy-imports-idINDEE97I09Z20130819.

45 Annie Gowen, "In India, Economic Slowdown and Inflation Cause Middle Class to Defer Dreams," *Washington Post,* November 5,2013, http://www.washingtonpost.com/world/ economic-slow down-inflation-cause-indias-middle-class-to-defer-dreams/2013/11/05/ ace864ba-4189-11 e3-b02 8-de922d7a3 f47_story.html.

46 "Remarks by the President on Economic Mobility," The White House, Office of the Press Secretary, December 4, 2013, http://www.whitehouse.gov/the-press-office /2013/12/04/ remarks-president-economic-mobility.

47 Theodore Dalrymple, "Inflation's Moral Hazard," *City Journal* 19 (3), Summer 2009,

http://www.city-journal .org/2009/19_3_otbie-inflation.html.

48 Hein, op. cit.

49 "Corruption Perceptions Index 2013," Transparency International, http://cpi.transparency.org/cpi2013/results/.

50 Deborah Hardoon and Finn Heinrich, "Global Corruption Barometer 2013/'Transparency International, July 19, 2013, p. 6, http://www.transparency.org/whatwedo/pub/global _ corruption_barometer_2013.

51 The *Times of Israel* staff and the Associated Press, "Erdogan Replaces 10 Ministers Amid Corruption scandal," *Times of Israel,* December 26, 2013, http://www.timesofisrael.com / erdogan-replaces-10-government-ministers-amid-corruption-scandal/.

52 Olga Yatskevich, "Corruption in Education in Belarus," 10th International Anti-Corruption Conference, October 2001, http://www.10iacc.org/content-ns.phtmlPdocuments =300&art=20.

53 "Bribery Affected by Inflation Too," RT.com, January 27, 2012, http://rt.com/business/corruption-russia-849/.

54 Christopher Alessi and Mohammed Aly Sergie, "Understanding the Libor Scandal," Council on Foreign Relations Backgrounder, December 5, 2013, http://www.cfr.org/united-kingdom/understanding-libor-scandal/p28729.

55 Andrew Higgins, "Cyprus Bank's Bailout Hands Ownership to Russian Plutocrats," *New York Times,* August 21, 2013, http://www.nytimes.com/2013/08/22/world/europe /russians-still-ride-high-in-cyprus-after-bailout.html/.

56 Paul Toscano, "'Run for the Hills' Now, I'm Doing It: Jim Rogers," CNBC, March 28,2013, http://www.cnbc.com /id/100600824.

57 Tess Vigeland, "They Walked Away, and They're Glad They Did," *New York Times*, November 8, 2011, http://www.nytimes.com/2011/ll/09/your-money /life-goes-on-some-find-after-leaving-an-underwater-mortgage.html ?pagewanted=all.

58 Ibid.

59 Ibid.

60 Shahien Nasiripour and Chris Kirkham, "Student Loan Defaults Surge to Highest Level in Nearly Two Decades," *Hujfington Post*, September 30, 2013, http://www.huffingtonpost.com/2013/09/30/student-loans-default_n_4019806 .html.

61 Kelsey Sheehy, "Undergrads Blow It with Student Loan Refunds," *U.S. News & World Report,* July 24,2013, http://www.usnews.com/education/best-colleges/paying-for-college / articles/2013/07/2 4/undergrads-blow-it-with-student-loan-refunds.

62 "Consumer Credit Outstanding as a Percent of GPD," Economagic.com, http://www.economagic.com /gif/g690250025209414086364681456 4824.gif; Neal Irwin, "Consumer Debt Is Soaring: That's Good News (for Now)," *Washington Post Wonk-blog*, July 8, 2013, http://www.washingtonpost.com/blogs/wonkblog/wp/2013/07/08/consumer-debt-is-soaring-thats-good-news-for-now/.

63 "Personal Saving Rate (PSAVERT)," FRED Economic Data, Federal Reserve Bank of St. Louis, updated December 23, 2013, http://research.stlouisfed.org/fred2/series /PSAVERT/.

64 Henry Hazlitt, "Inflation vs. Immorality," *Freeman,* January 1,1977, http://www.fee.org/

the_freeman /detail/inflation-vs-immorality#axzz2r24trZUK.

65 Ryan Villarreal, "Protests Mount Against Argentina's President over Currency, Crime and Corruption," *International Business Times,* November 9, 2012, http://www.ibtimes.com/protests-mount-against-argentinas-president-over-currency-crime-corruption-868860.

66 Terry Frieden, "U.S. Violent Crime up for First Time in Years," CNN.com, October 17,2012, http://wwwxnn.eom/2012/10/17/us/violent-crime/.

67 Chor Foon Tang and Hooi Hooi Lean, "New Evidence from the Misery in the Index in the Crime Function," *Economics Letters* 102 (2), 2009.

68 John M. Nunley, Richard Alan Seals Jr., and Joachim Zietz, "The Impact of Macroeconomic Conditions on Property Crime," Auburn Economics Working Paper (Auburn University, 2011), p. 18, http://johnnunley.org/prop_crime_4_3_2013_final.pdf.

69 Miguel Llanos, "Crime in Decline, but Why? Low Inflation Among Theories," MSNBC.com, September 20, 2011, http://www.nbcnews.com/id/44578241/ns/us_news-crime _and_courts/t/crime-decline-why-low-inflation-among-theories/# .Ut57GGQo7wc.

70 "Consumer Price Index, 1913-," The Federal Reserve Bank of Minneapolis, accessed March 6, 2013, http://www .minneapolisfed.org/community_education/teacher/calc/histl913.cfm.

71 Bureau of Justice Statistics Press Release, op. cit.

72 Chor Foon Tang and Hooi Hooi Lean, "Will Inflation Increase Crime Rate? New Evidence from Bounds and Modified Wald Tests," *Global Crime* 8 (4), November 2007, pp. 311-323, https://www.ncjrs.gov/App/publications/abstract.aspx? ID=243186.

73 David B. Muhlhausen and Patrick Tyrrell, "The 2013 Index of Dependence on Government," The Heritage Foundation, Special Report 142, Chart 1, November 21, 2013, http://www .heritage. org/ research/reports/2013/11 /the-2013-index-of-dependence-on-government.

74 Ibid.; "Supplemental Nutrition Assistance Program Participation and Costs," U.S. Department of Agriculture, accessed March 6, 2014, http://www.fins.usda.gov/pd/snapsummary.htm.

75 Muhlhausen and Tyrell, op. cit.

76 J. P. Cooper, *The New Cambridge Modern History*, vol. 4: *The Decline of Spain and the Thirty Years War.*; *1609-48/59* (Cambridge University Press, 1970), p. 477; available online at http://bit.ly/KKa9gn.

77 Lawrence W. Reed, *Are We Rome?,* Foundation for Economic Education (2013), pp. 5-8, http://www.fee.org / files/doclib/2013 0620_FEEAre WeRomeCover 1V5 .pdf.

78 Ibid., p. 9.

第六章 金本位制

1 " 74% Want to Audit the Federal Reserve," *Rasmussen Reports*, November 8, 2013, http://www.rasmussenreports.com / public_content/business/general_business/november_2013/74_want _to_audit_the_federal_reserve.

2 Charles Riley, "Utah: Forget Dollars. How About Gold?" CNNMoney.com, March 29.

2011, http:// money. cnn. com/2011/03/29/news/economy/ utah_gold_currencv/index .htm?iid=EL.

3 "Utah House Passes Bill Recognizing Gold, Silver as Legal Tender," FoxNews.com, March 4, 2011, http:// www. foxnews. com/politics/2011/03/04/utah-house-passes-recognizing-gold-silver-legal-tender/.

4 Louis Woodhill, "Gold Isn't Money, But It Should Be Used to Define the Value of the Dollar," Forbes.com, April 18, 2013, http://www.forbes.com/sites/louiswoodhill /2013/04/18/gold-isnt-money-but-it-should-be-used-to-define-the-value-of-the-dollar/2/.

5 Ralph Benko, "Gold Defined Money and Monetary History at the Cato Institute: A Velvet Underground Event?" Forbes.com, July 29, 2013, http://www.forbes.com /sites/ ralphbenko/2013/07/29/gold-defined-money-and-monetary-history-at-the-cato-institute-a-velvet-underground-event/.

6 Nathan Lewis, "The 1870-1914 Gold Standard: The Most Perfect One Ever Created," Forbes.com, January 3, 2013, http://www.forbes.com/sites/nathanlewis/2013/01/03 /the-1870-1914-gold-standard-the-most-perfect-one-ever-created/.

7 Theodore Phalan, Thomas Rustici, and Deema Yazigi, "The Smoot-Hawley Tariff and the Great De-pression," *Freeman*, February 29,2012, http://www.fee.org/the_freeman /detail/ the-smoot-hawley-tariff-and-the-great-depression#axzz2 uf2wQ89w.

8 Ed Prior, "How Much Gold Is There in the World?" BBC.com, March 31, 2013, http:// www .bbc.com/news/magazine-21969100.

9 Royjastram, *The Golden Constant: The English and American Experience, 1560-1976* (New York: John Wiley & Sons, 1977), p. 189.

10 Nathan Lewis, *Gold: The Once and Future Money* (Hoboken, NJ: John Wiley & Sons, 2007) p. 119.

11 Ibid.

12 Nathan Lewis, "To Achieve a Successful Gold Standard, You Don't Need Gold Coins," Forbes.com, August 2,2012, http://www.forbes.com/sites/nathanlewis/2012/08/02/to-achieve-a-successful-gold-standard-you-dont-need-gold-coins/.

13 Historic figures of the gold/silver ratio until 2012 are available at MeasuringWorth.com. Daily gold/silver ratios are available from Kitco Metals Inc., http://www.kitco.com/gold. londonfix .html.

14 Charles Larkin, "The Great Recoinage of 1696," Department of Economics & Institute for International Integration Studies, Trinity College Dublin, September 25,2006; available at the Federal Reserve Bank of Atlanta, http://www.atl-res.com/ finance/LARKIN2 .pdf.

15 Murray Rothbard, *Economic Thought Before Adam Smith: An Austrian Perspective on the History of Economic Thought*, vol. 1 (Auburn, AL: Ludwig von Mises Institute, 2006), pp. 317-323, http://mises.org/document/3985/Economic-Thought-Before-Adam-Smith-An-Austrian-Perspective-on-the-History-of-Economic-Thought-Volume-I.

16 Lewis, *Gold: The Once and Future Money*, op. cit.

17 Alan Reynolds, *Economic Education Bulletin* 23(10), October 1983, American Institute for Economic Research, p. 1.

18 Lewis, "The 1870-1914 Gold Standard," op. cit.

19 Nathan Lewis, *Gold: The Monetary Polaris* (New Berlin, NY: Canyon Maple Publishing, 2013), pp. 105-118.

20 Ibid., p. 113.

21 Ibid.,p.74.

22 Richard Pipes, *The Russian Revolution* (New York: Random House, 1990), pp. 78-80.

23 Ibid.

24 John Mosier, *Verdun: The Lost History of the Most Important Battle of World War* 1, *1914-1918* (New York: NAL Caliber, 2013) p. 123.

25 Sir Norman Angell, *The Great Illusion: A Study of the Relation of Military Power to National Advantage* (New York: Cosimo, 2010, original 1909), pp. 71-72.

26 Niall Ferguson, *The Ascent of Money: A Financial History of the World* (New York: Penguin Books, 2008), p. 188.

27 Lewis, *The Monetary Polaris*, op. cit., p. 87.

28 Ibid.

29 Lewis, *The Once and Future Money*, op. cit., pp. 30-31.

30 Ibid.

31 Lewis, "The 1870-1914 Gold Standard," op. cit.

32 Lewis, *Gold: The Monetary Polaris*, op. cit., p. 113.

33 Ibid.

34 Ibid., p. 72.

35 Gene Laber, "Bond Covenants and Forgone Opportunities: The Case of Burlington Northern Railroad Company," *Financial Management,* June 6,1992, http://www.thefree library.com/Bond+covenants+and+forgone+opportunities%3A+the+ case+off Burlington...-aO 13632 928.

36 Nathan Lewis, "The Correlation Between the Gold Standard and Stupendous Growth Is Clear," Forbes.com, April 11,2013, http://www.forbes.com/sites/nathanlewis/2013/04/11/the-correlation-between-the-gold-standard-and-stupendous-growth-is-clear/.

37 Ibid.

38 Daniel Ryan, "The Gold Standard: Power to the People,"TheGoldStandardNow.org, April 16,2011, Lehrman Institute, http://www.thegoldstandardnow.org/key-blogs-6/217-gold-standard-power-to-people.

39 Jasen Castillo et al., "Military Expenditures and Economic Growth," The Rand Corporation, Monograph Report, 2001, pp. 11-48.

40 David J. Lynch and Cordell Eddings, "Obama Says Real Boss in Default Showdown Means Bond Call Shots," Bloomberg.com, October 11,2013,http://www.bloomberg.com/news/2013-10-11/obama-says-real-boss-in-default-showdown-means-bonds-call-shots.html/.

41 Bob Woodward, *The Agenda* (New York: Simon & Schuster, 1995), p. 139.

42 Nathan Lewis lecture at Cato Institute on February 12,2014, Washington, DC.

43 Steve Forbes calculation using numbers from Inflationdata.com/CPI.

44 "Retail Motor Gasoline and On-Highway Diesel Fuel Prices, 1949-2011," 2012 Annual Energy Review, Table 5.24, U.S. Energy Information Administration.

45 Effective Federal Funds Rate, Board of Governors of the Federal Reserve System, 2014, Fedprimerate.com.

46 Sidney Homer and Richard Sylla ,*A History of Interest Rates* (Hoboken, NJ: John Wiley & Sons, 2005), pp. 644-645.

47 George Gilder conversation with Steve Forbes, May 16,2012.

48 John Tamny, "August 15, 1971: President Nixon's Golden Error," RealClearMarkets.com, August 15, 2011, http://www.realclearmarkets.com/articles/2011/08/15/august_15_1971_president_nixons_golden_error_99193.html.

49 John Tamny, "David Stockman Brings New Meaning to 'Flawed Economic Analysis,'" Forbes.com, April 1, 2013, http://www.forbes.com/sites/johntamny/2013/04/01/david-stockman-brings-new-meaning-to-flawed-economic-analysis/2/.

50 Louis Woodhill, "Gold Isn't Money, but It Should Be Used to Define the Value of the Dollar," Forbes.com, April 18, 2013.

51 Ibid.

52 Nathan Lewis, "Though It Nearly Strangled Reagan's Revolution, Soft Money Conservatives Revive Friedman's Monetarism," Forbes.com, August 12, 2012, http://www.forbes.com /sites/nathanlewis/2012/08/12/though-it-nearly-strangled-reagans-revolution-soft-money-conservatives-revive-friedmans-monetarism/; and Seth Lipsky, "A Commission for the Fed's Next 100 Years," *Wall Street Journal,* March 25, 2013, http://online.wsj.com/news/articles/SB 10001424127887324103504578379020635729326.

53 Christopher Beam, "Gold Rush," Slate. com, November 9,2010, http://www.slate.com/articles/business/money box/2010/11/gold_rush.html.

54 Hibah Yousuf, "Gold Tops $1,900, Looking 'a Bit Bubbly,'" CNNMoney.com, August 23, 2011, http://money. cnn.com/2011/08/2 2/markets/gold_prices/.

55 Figures available from the Federal Reserve Bank of St. Louis's Federal Reserve Economic Data system, http:// research. stlouisfed. org/fred2 /.

56 "Fast Facts," United States' Census Bureau, U.S. Department of Commerce, http://www. census .gov/history/www/ through_the_decades/fast_facts/.

57 Nathan Lewis, "Let It Be Known That No Financial Crisis Was Ever Caused by Stable Money," Forbes.com, October 14,2012, http://www.forbes.com/sites/nathanlewis /2012/10/14/let-it-be-known-that-no-financial-crisis-was-ever-caused-by-stable-money/.

58 Lewis, *Gold: The Once and Future Money,* op. cit., p. 228.

59 Christian Saint-Etienne, *The Great Depression, 1929-1938: Lessons for the 1980s* (Stanford, CA: Hoover Institution Press, 1984), p. 25.

60 Sebastian Mallaby, *More Money Than God: Hedge Funds and the Making of the New Elite* (New York: Penguin Group, 2010), pp. 147-171.

61 Ibid.

62 Emma O'Brien, "Russia Fueling Ruble Tumble with Loans, Banks Say," Bloomberg.com, February 5, 2009, http://www .bloomberg.com/apps/news?pid=newsarchive&sid=alZcF5bvel8o; Eric McCarthy, "Russian Ruble Leads Emerging-Market Currency Rally," *Wall Street Journal,* April 25, 2013, http://online.wsj.com/news/articles /SB 1000142412788732378970457844761251628342.

第七章 困境求生

1 "CPI Inflation Calculator," Bureau of Labor Statistics, http://data.bls.gov/cgi-bin/cpicalc.pl?cost1 = 100%2C000.00&year1=2000&year2=2013.

2 "How to Start Investing," The Motley Fool, accessed March 6, 2014, http://www.fool.com/seminars/sharebuilder/index.htm?sid=0008&lid=400&pid=0.

3 "Inflation: How to Protect Your Capital," Forbes, April 1,1974, p. 28.

4 Louis Woodhill, "It's Very Good That Gold Was a Bad Investment This Year," Forbes.com, December 25,2013,http://www.forbes.com/sites/louiswoodhill/2013/12/25/its-very-good-that-gold-was-a-bad-investment-this-year/.

5 Alexandra Twin, "For Dow, Another 12-Year Low," CNNMoney, March 9, 2009, http://money.cnn .com/2009/03/09/markets/markets_newyork/; Dealbook, "Slump Humbles Blue-Chip Stocks," *New York Times,* March 6, 2009, http://dealbook.nytimes.com/2009/03/06/slump-humbling-blue-chip-stocks-once-dows-pride/?_php=true&_type=blogs&_r=0.

6 Peter Slatin, "Recharged REITs," Forbes.com, June 5, 2009, http://www.forbes.com / forbes/2009/0622/finance-reits-commercial-real-estate.html.

7 "KBW Bank Index (KBX), 1/3/07-4/3/09," Yahoo! Finance, accessed March 6,http://yhoo.it/1hY2B9z.

8 "Daily Gold Price History," USAGOLD, accessed March 6,2014, http://www.usagold.com/reference /prices/history.html.

9 Jeremy J. Siegel, *Stocks for the Long Run: The Definitive Guide to Financial Market Returns and Long-Term Investment Strategies,* 4th ed. (New York: McGraw-Hill, 2008), pp. 12-13.

10 Dow Jones Industrial Average (DJIA) History Chart, October 1, 1929 thru December 26, 2013," FedPrimeRate.com, http://www.fedprimerate.com/djia-chart-history.htm.

11 You can confirm this calculation using Bankrate's IRA calculator, entering a single $10,000 contribution at age 23, and a 9% return, http://www.bankrate.com/calculators/retirement / traditional-ira-plan-calculator.aspx.

12 "Bear Markets: Wall Street's Worst," BBC News, November 1, 2004, http://news.bbc .co.uk/2/hi/business/3 746044.stm.

13 "Government Has Contemplated Seizing Pension Money for over a Decade," *Washington's Blog,* October 20, 2013, http://www.washingtonsblog.com/2013/10/govern ment-has-contemplated-seizing-pension-money-for-over-a-decade .html.

14 "Piñera vs. Piñera in the Battle of Chilean pensions," *Santiago Times,* June 27, 2013, http://santiagotimes.cl/pinera-vs-pinera-in-the-battle-of-chilean-pensions/.

15 John C. Bogle, "The First Index Mutual Fund: A History of Vanguard Index Trust and the Vanguard Index Strategy," speech on April 2007 [quoting Rex Sinquefield of American Nation Bank], http://www.vanguard.com/bogle_site/lib/sp 19970401 .html; Morgan Korn, "Have Index Funds Become Too Popular?," The Daily Ticker, December 13, 2013, http://finance.yahoo.com /blogs/daily-ticker/have-index-funds-become-too-popular-1643 2 92 64 .html.

16 "Vanguard Total Stock Market Index Fund Shares," Vanguard, accessed March 6,2014, https://personal .vanguard.com/us/funds/snapshot?FundId=0085&FundIntExt=INT.

17 Rick Ferri, "Indexing Hero Charles Ellis," Forbes.com, June 18,20012, http://www.forbes .com/sites/rickferri/2012/06/18/indexing-hero-charles-ellis/.

18 "Current U.S. Inflation Rates: 2004-1014," U.S. Inflation Calculator, accessed March 6, 2014, http://www.usinflationcalculator.com/inflation/current-inflation-rates/.

19 Peter A. McKay, "Brutal February for Blue Chips," *Wall Street Journal,* March 1,2009, http://online.wsj .com/news/articles/SB 123573389322793 621.

20 "Dow Jones Industrial Average (1900-Present Monthly)," StockCharts.com, accessed April 6, 2014, http://stockcharts.com/freecharts/historical/djia 1900.html.

21 Andrew Ross Sorkin, "Why Are Investors Fleeing Equities? Hint: It's Not the Computers," *New York Times,* August 6, 2012, http://dealbook.nytimes.com/2012/08/06/why-are-investors-fleeing-equities-hint-its-not-the-computers/?_php=true&_type=blogs&_r=0.

22 Peter Schiff, "After Bernanke, More Turbulence: Opposing View," *The Peter Schiff Show,* January 31, 2013, https://www.schiffradio.com/blog?action=blog Archive&blogTag=quantitative% 20easing.

23 John Christy, "Believe in the Market's Healthy Skepticism," Forbes.com, February 5, 2010, http:// www.forbes.com/2010/02/05/templeton-canon-msci-personal-finance-investing-ideas-novo-nordisk.html.

24 Steve Forbes interview with Daniel Kahneman, Forbes.com, January 24, 2013, http://www. forbes. com/sites/steveforbes/2013/01/24/nobel-prize-winner-daniel-kahneman-lessons-from-hitlers-ss-and-the-danger-in-trusting-your-gut/.

25 "Remarks by Chair-man Alan Greenspan," The Federal Reserve Board, December 5, 1996, http://www.federalreserve.gov/boarddocs/speeches/1996/19961205 .htm.

26 Charles P. Himmelberg, James M. Mahoney, April Bang, and Brian Chernoff, "Recent Revisions to Corporate Profits: What We Know and When We Knew it," Current Issues in Economics and Finance, Federal Reserve Bank of New York, March 2004, vol. 10, no. 3, esp. Chart 1, http://www.newyorkfed.org/research/current_issues /ci10-3 /ci10-3 .html.

27 Conversation between Peter Drucker and Steve Forbes, 1983.

28 "Nikkei 225," 1984-Present, Yahoo! Finance, accessed March 6,2014, http://yahoo. it/1fsyEqd.

29 Thomas Kenny, "High-Yield Bonds: The Historical Performance Numbers, Year-by-Year Total Returns 1980-2013," About.com Bonds, http://bonds.about.com /od/corporatebonds/ fl/High-Yield-Bonds-The-Historical-Performance-Numbers.htm.

30 Myra P. Saefong, "Can Gold Miners Dig Out of Bottomless Pit?" MSN Money, December 17, 2013, http://money.msn.com/investment-advice/can-gold-miners-dig-out-of-bottomless-pit.

31 Northwestern MutualVoice Team, "Why a Financial Advisor Is Like a Personal Trainer," Forbes.com, June 11,2013, http://www. forbes. com/sites/northwesternmutual/2013 /06/11 /why-a-financial-advisor-is-like-a-personal-trainer/.

第八章 展望未来

1 Bill Gates and Melinda Gates, "3 Myths that Block Progress for the Poor," 2014 Gates

Annual Letter, p. 7, http://annualletter.gatesfoundation.org/~/media/Annual%20Letter%20 2014/PDFs/2014_GatesAnnualLetter_ENGLISH_ 1 .pdf.

2 "Turkish Central Bank Makes Massive Rate Hikes to Stem Lira Fall," Reuters. *World News Digest.* Infobase Learning, January 28, 2014, http://wnd.infobaselearning.com/recordurl. aspx? wid=96208&nid= 137818&umbtype= 1.

3 "Stock Markets: European, U.S. Markets Plunge over Economic Fears," *Facts On File. World News Digest.* Infobase Learning, August 4, 2011, http://wnd.infobaselearning.com / recordurl.aspx?wid=96208&nid=456203&umbtype=0.

4 "Swiss National Bank Sets Minimum Exchange Rate at CHF 1.20 per euro," Swiss National Bank press release, September 6,2011, http://www.snb.ch/en/mmr/reference/ pre_20110906 /source/pre_20110906.en.pdf.

5 "Greece," *The World Factbook*, Central Intelligence Agency, accessed March 6, 2014, https://www.cia.gov /library/publications/the-world-factbook/geos/gr.html; Jack Ewing and Landon Thomas Jr., "Turkey's Central Bank Aggressively Raises Rates," *New York Times,* January 28, 2014, http://www.nytimes.com/2014/01/29/business/international/stress-on-turkish-currency-eases-before-central-banks-emergency-session.html.

6 Steven F. Hayward, *The Age of Reagan: The Conservative Counterrevolution, 1980-1989* (New York: Crown Forum, 2009), p. 31.

7 "Statistical Data Warehouse," European Central Bank, accessed March 6, 2014, http://sdw. ecb.europa.eu /browse.do?node=bbnl29.

8 Erik Kirschbaum, "Germany's SPD Demands Tax on Rich Despite Merkel Veto," Reuters, November 9, 2013, http:// www.reuters.com/article/2013/11/09/germany-coalition-idUSL5N0IU 06V20131109.

9 "Spain," 2014 Index of Economic Freedom, Heritage Foundation, accessed March 6, 2014, http://www.heritage.org/index/country/spain.

10 Rudy Ruitenberg, "France's Hollande Gets Court Approval for 75 % Millionaire Tax," *Bloomberg*, December 29, 2013, http://www.bloomberg.eom/news/2013-12-29/france-s-hollande-gets-court-approval-for-75-millionaire-tax.html.

11 "Greece: Voters Reject Austerity in Legislative Elections," *Facts On File. World News Digest.* Infobase Learning, May 8, 2012, http://wnd.infobaselearning.com/record url.aspx? wid=96208&nid=483642&umbtype=0.

12 David Malpass, "And the Crisis Winner Is? Government," *Wall Street fournal*, December 16,2011.

13 "Billion Counter," Poland Ministry of Treasury, http://msp.gov.pl/en/privatisation-plan/ portfolio-of-companies/3952 ,dok.html.

14 Norma Cohen and Jan Cienski, "Poland Pension Reform Reversal Highlights Public Disillusion," *Financial Times,* February 5, 2014, http://www.ft.eom/intl/cms/s/0/8ddeb5bc-6293-11e3-bba5-00144feabdc0.html#axzz2wdcS2D7S.

15 "Wunderreform," *Economist,* March 16, 2013, http://www.economist.eom/news/ europe/21573583-ten-years-how-does-germanys-agenda-2010-package-rate-wunderreform.

16 James Pethokoukis, "Sweden's Amazing Supply-Side, Tax-Cut Experiment," *AEIdeas*

(public policy blog of the American Enterprise Institute), May 9, 2012, http://www .aei-ideas.org/2012/05/swedens-amazing-supply-side-tax-cut-experiment/.

17 Paul Krugman, "Estonian Rhapsody," *The Conscience of a Liberal* (Paul Krugman blog at NYTimes .com), June 6, 2012, http://krugman.blogs.nytimes.com/2012/06/06/estonian-rhapsdoy/.

18 "How Did Estonia Become a Leader in Technology?," *Economist,* July 30, 2013, http:// www. economist.com/blogs/economist-explains/2013/07/economist-explains-21.

19 Harry Wilson, "The $15 Trillion Shadow over Chinese Banks," *Telegraph,* February 1, 2014, http://www.telegraph.co.uk/finance/newsbysector /banksandfinance/10611931 /The-15-trillion-shadow-over-Chinese-banks.html.

20 Euromonitor International, subscription database, http://www.euromonitor.com/usa, accessed February 27,2014.

21 Lingling Wei and Bob Davis, "China's 'Shadow Banks' Fan Debt-Bubble Fears," *Wall Street Journal,* June 25,2013,http://online.wsj.com/news/articles/SB100014241278873246 37504578563570021019506.

22 Ibid.

23 International Monetary Fund, "Taxing Times," *Fiscal Monitor,* October 2013, http://www. imf.org/external/pubs/ft/frn/2013/02/pdf/fml302.pdf.

24 Martin Fackler, "Take It from Japan: Bubbles Hurt," *New York Times,* December 25, 2005, http://www.nytimes.com/2005/12/25/business/yourmoney/25japan.html?page wanted=all.

25 Hiroko Tabuchi, "Japan Keeps Monetary Policy Steady Amid Deflation Fight," *New York Times*, May 22, 2013, http://www.nytimes.com/2013/05/23/business /global/japan-keeps-monetary-policy-steady.html.

26 Hiroko Tabuchi, "Japan Sales Tax to Increase Next Year, Abe Says," *New York Times*, October 1, 2013, http://www.nytimes.com/2013/10/02/business/international /japan-sales-tax-to-increase-next-year-abe-says.html.

27 Nathan Lewis, "Japan's Long Slide into Overtaxation," Forbes.com, December 6, 2013, http://www.forbes.com/sites/nathanlewis/2013/12/06/japans-long-slide-into-overtaxation/print/.

28 Doing Business, Measuring Business Regulations (website of The Doing Business Project), The World Bank, http://www.doingbusiness.org.

29 T. Eliot Gaiser, "Chile's Strong Economy: A Case of Positive Policy and Freedom," *The Foundry* (Heritage Foundation blog), January 23, 2013, http://blog.heritage .org/2013/01/23/chile-strong-economy-a-case-of-positive-policy-and-freedom/.

30 "2013 Investment Climate Statement—Malaysia," U.S. Department of State, Bureau of Economic and Business Affairs, March 2013, http://www.state.gov/e/eb / rls/othr/ics/2013/204686.htm.

31 "The Moment of Truth," The National Commission on Fiscal Responsibility and Reform, December 2010, http://www.fiscalcommission.gov/sites/fiscalcommission.gov/ files / documents/TheMomentofTruth 12_1_2010.pdf.

站在共享经济时代的风口
把握下一轮互联网创业商机

基本信息

书　　名：共享经济时代：
　　　　　互联网思维下的协同消费商业模式
作　　者：［美］雷切尔·博茨曼　路·罗杰斯
译　　者：唐朝文
出 版 社：上海交通大学出版社
I S B N：978-7-313-13043-3
开　　本：16 开
出版日期：2015 年 6 月
定　　价：38.00 元

内容简介

“共享经济”（sharing economy），也被称为“协同消费”（collaborative consumption），是在互联网上兴起的一种全新的商业模式。简单地说，消费者可以通过合作的方式来和他人共同享用产品和服务，而无需持有产品与服务的所有权。使用但不拥有，分享替代私有，即“我的就是你的”。

当下，全球经济正呈现出这样一种前所未有的趋势：消费者之间的分享、交换、借贷、租赁等共享经济行为正在爆炸式增长。从 eBay、Craigslist 的交易平台，到 Airbnb 的房屋短租平台，再到 Uber 的拼车平台，共享经济——因互联网技术发展而崛起的协同式消费——正逐渐取代过时、落伍的传统商业模式。无论在金融业、旅游业，还是教育业与零售业，共享经济都在以方兴未艾之势，野蛮生长。

《共享经济时代》深刻剖析了世界各地实践共享经济的互联网新兴企业。他们运用互联网技术与网络社群，突破传统商业在交易模式、用户体验上的限制，将看似不可能的商业创意变为现实。通过接触和了解共享经济领域的创业者和先锋人士，发掘那些正在迅速崛起的创业新星，本书大胆勾画了一幅共享经济的未来蓝图。